# LES TROIS DOROTÉES OU LE IODELET SOVFFLETÉ,

## COMEDIE,

### DE MONSIEVR SCARRON.

A ROVEN,
Chez ANTOINE FERRAND, au haut
des degrez du Palais.

M. DC. LIV.

# ACTEVRS.

DOM DIEGO GIRON, Fiancé auec Helene, & Amoureux de Lucie.
D. FELIX DE FONSEQVE, Amoureux de Lucie.
D. GASPARD DE PADILLE, Fanfaron.
D. IVAN DE SOLIS, Amoureux d'Helene.
D. PEDRO D'AVILA.
D. SANCHE, Oncle de Dorothée.
HELENE,
LVCIE, } Filles de D. Pedro d'Auila.
GILLETTE, Suiuante de Lucie.
BEATRIS, Suiuante d'Helene.
IODELET, Seruiteur de D. Felix.
D. ALPHONSE, Seruiteur de D. Diego Giron.

*La Scene est à Tolede.*

# LES TROIS DOROTÉES OV LE IODELET SOVFFLETÉ.

## ACTE I.

### SCENE PREMIERE.

Dom Felix, Iodelet.

**D. Felix.**

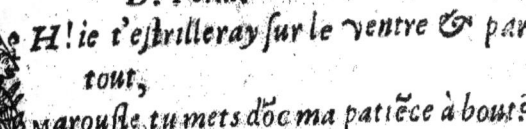

H! ie t'eſtrilleray ſur le ventre & par tout,
Marouſle, tu mets d'ōc ma patiēce à bout?
Vit on iamais valet d'vne audace pareille
Tu me veux conſeiller, & moy ie te conſeille

De ne t'ingerer plus à donner des auis,
Qui seront mieux payés, qu'ils ne seront suiuis.

### Iodelet.

Conseillant bien . . . . .

### D. Felix.

Pourſuy, parle, corrige, cauſe?
Treuue à redire en moy iuſqu'à la moindre choſe?
Et tu verras encor ſi ie frappe bien fort.

### Iodelet.

Lors que vous me frappés, vous aués touſiours tort,
Et moy touſiours raiſon quand ie reprens vos fautes.
N'importe, c'eſt affaire à perdre quelques coſtes:
Me deuſſiés vous caſſer un bras, voire le cou,
Toutes & quantes fois que vous ferés le fou,
Et vray valet d'honneur, ie pretens vous reprendre.
Faites mieux, payés-moy, ie ſuis preſt de vous rendre
Le pompeux veſtement que vous m'aués donné,
Où voſtre ſeigneurie a ſi bien leziné,
Qu'auec un galon vert qu'elle a fait coudre en onde,
Elle eſtime ſon train le plus leſte du monde.

### D. Felix.

Dy-moy, maiſtre coquin, qui veux auſſi railler?
T'ay-je pris pour valet, ou bien pour conſeiller?

### Iodelet.

Vous m'aués pris pour duppe, & trompé par la mine,
Neron qui fit mourir feu ſa mere Agripine,
(A ce que m'en ont dit gens qui le ſçauent bien,)
Parroiſſoit eſtre bon, & ſi ne valoit rien.

## Souffleté.

Cela s'adresse à vous, Dom Felix de Fonseque.

### D. Felix.

De la part de Neron, sçache, Monsieur Seneque,
Qu'un valet qui conseille, au lieu d'estre escouté,
Merite bien souuent de se voir bien frotté,
De mesme que mon bras a tantost sceu bien faire;
Et sçaura bien encor, si tu ne te sçais taire.

### Iodelet.

Estes vous resolu de ne receuoir pas
mes conseils.

### D. Felix.

Ouy sans doute.

### Iodelet.

Allons tout de ce pas.
Donnez-moy de l'argent, & que ie me retire.

### D. Felix.

Quoy, tu veux de l'argent?

### Iodelet.

Il ne faut point tant rire
Ie veux estre payé.

### D. Felix.

Ma foy, c'est pour ton nez,
Apres tant de conseils insolemment donnez,
Et que i'ay tous soufferts sans me mettre en colere,
Ie t'apprens que c'est tuy qui me dois du salaire.

### Iodelet.

Ie suis embarassé, si iamais ie le fus!
Seruir sans rien gagner? ou ne conseiller plus?

A iiij

#### D. Felix.

Si ton maudit esprit à conseiller te porte,
Tu n'auras rien de moy de ta vie.

#### Iodelet.

Il n'importe,
A donner des conseils, ie vay bien m'égayer.

#### D. Felix.

Et moy pareillement, à ne te point payer.

#### Iodelet.

Mes gages, adieu donc, & vous nostre Prudence,
Fournissez moy tousiours conseils en abondance,
Car i'en ay bien besoin, veu le maistre que i'ay.
Çà, ie vay commencer.

#### D. Felix.

Non, non, tout est changé,
Ne me conseille point, & prens double salaire.

#### Iodelet.

Ie me tiens au marché que nous venons de faire,
I'ayme mieux conseiller.

#### D. Felix.

Prens ce que tu voudras,
Tout mon bien si tu veux, & ne conseille pas.

#### Iodelet.

Aux dépens de mon bien, aux dépens de mes gages,
Si ie puis, moy pecheur, par conseils bons & sages,
Et vous iusques icy qui n'auez valu rien,
Faire voir seulement l'apparence du bien,
Ie *** trop heureux, & iamais autre maistre

## Souffleté.

Ne se verra seruy, comme vous l'allez estre.
#### D. Felix.
Il y va trop du mien dans ces conditions.
#### Iodelet.
Et du moins laissez-moy faire des questions.
#### D. Felix.
Bien, fais-en tout ton saoul?
#### Iodelet.
     Mon Maistre, à la pareille,
Ne me payez iamais, & que ie vous conseille,
Vous aymez bien l'argent.
#### D. Felix.
    Ah! c'est trop raisonner.
#### Iodelet.
Bien, bien, n'en parlons plus, ie vay questionner.
D'où vient que tout objet vous deuient vn Idole?
Qu'à la belle, à la laide, à la sage, à la folle,
A jeune, à vieille, à vefue, à femme ayant mary,
A fille à marier, d'vn langage fleury,
Vous allez demondant iour & nuict du remede?
Et que vous a donc fait ce beau sexe à Tolede,
Que vous voulez ainsi l'exterminer par feu?
Et de grace, Seigneur, épargnez les vn peu,
La fille de dix ans, & la sexaginaire,
(Chose que deuant vous personne n'a veu faire,)
Ont en vous vn Amant qui leur fait les yeux doux:
Et vous leur en voulez, à cause (dittes-vous)  (re
Que l'vne en sçait beaucoup, & l'autre n'ë sçait gue-

Et des rares beautez, & des beautez vulgaires,
Ie vois qu'également vous vous sentez feru;
Il faut, (ce que de vous ie n'aurois iamais crû,)
Que vous soyez, sans doute, vn fourbe tres-insigne;
Mais d'vn homme d'honneur, cette vie est indigne.
Et quoy, vous assiegez iour & nuict des maisons?
Contre la chasteté brassant des trahisons?
Vis à vis d'vn balcon, ou d'vne jalousie,
Vous faites iour & nuict l'homme qui s'extasie?
A l'Eglise, où l'on doit seulement prier Dieu,
Vous n'allez qu'à dessein d'y mettre tout en feu?
Là vos yeux trauaillant à faire famicides,
Tantost sont yeus mourans, & de larmes humides;
Tantost jettant le feu comme miroirs ardans,
Vont sur les pauures cœurs, fleches de feu dardans.
Comme on ne blesse pas tousiours ce que l'on tire,
Ie voy quelques beautez qui ne s'en font que rire.
De celles-là, Monsieur, le nombre est bien plus grand,
Que de celles de qui le cœur à vous se rend;
Et ie voy bien souuent que toute l'energie
De ces traicts raffinez de la blanche Magie,
Operent moins pour vous, pauure amoureux transi,
Que pour moy qui m'en ris, & bien d'autres aussi,
Si les reflexions qui sans cesse me viennent....

D. Felix.

Ce faquin dit souuent des choses qui surprennent.
Tu deuois seulement faire des questions,
Et tu me fais icy des Predications.

## Souffleté.

N'importe tu m'as pris en humeur de t'apprendre
Pourquoy de tous costez ie me laisse ainsi prendre.
Escoute; Mais sur tout grande discretion.
### Iodelet.
I'écoute, mais sur tout nulle digression,
Ie hay les longs discours.
### D. Felix.
Tu te veux faire battre,
Tu t'émancipes trop.
### Iodelet.
Ie n'en veux rien rabattre;
Ie fais des questions, vous me l'auez permis.
Répondez-donc, mon maistre, & soyons bons amis.
### D. Felix.
Cher amy, nous viuons trop à la familiere.
### Iodelet.
Quand vn valet sert bien, vn valet ne craint guere:
Songez à me répondre, au lieu de contester?
### D. Felix.
Ie n'y gagnerois rien, il te faut contenter.
Quand tu vois que d'Amour ie soûpire & ie pleure,
Ne croy pas pour cela, cher amy, que i'en meure,
A toutes quelquesfois tu pense que i'en veux,
Au diable si ie suis de pas-vne amoureux :
Quand i'offre à des beaux yeux mon ame en sacrifice,
C'est moins par passion que i'aime, que par vice,
Ie deuiens amoureux, & si ie n'aime rien,
Lors qu'on me traitte mal, lors qu'on me traitte bien,

En l'vn & l'autre estat, mon feu paroist extréme,
mais sçais-tu bien pour qui ie brûle? pour moi-mesme.

### Iodelet.

Pretendez-vous, Monsieur auoir bien des riuaux?

### D. Felix.

Tay-toy, sot? or sçachant fort bien ce que ie vaux,
Et que l'amour parfait vient ce la connoissance,
Ie soustiens que ie fais l'amour par excellence.

### Iodelet.

C'est fort bien soustenu.

### D. Felix.

     Ie te vay faire voir,
Que ton Maistre en Amour fait fort bien son deuoir.
Il faut premierement que ta bassesse sçache,
Qu'alors qu'on me refuse, ou bien lors qu'on se fâche,
I'ay le don de pleurer autant que ie le veux,
Ce qui profite plus, qu'arracher des cheueux,
Et principalement quand on aime vne sotte,
Qui croit facilement vne homme qui sanglotte.
A la belle, ie dis que ses plus grands appas,
Sont ceux qui sont cachez, & que l'œil ne voit pas:
Que son esprit me plaist bien plus que son visage.
A la laide, ie tiens presqu'vn mesme langage,
I'adjouste seulement, qu'elle a ie ne sçay quoy,
Qui fait que la voyant ie ne suis plus a moy.
Enfin également de toutes ie me joüe,
De ce qu'elles ont moins, c'est donc plus ie les loüe.
Aux sottes de l'esprit, aux vieilles, de l'humeur,

## Souffleté.

Aux jeunes, qu'auant l'âge elles ont l'esprit meur,
La grasse se croit maigre, & la maigre charnuë,
Aussi tost que de nous elle est entretenuë.
Aux petites, ie dis que leur corps est adroit,
Aux grandes, que leur corps, quoy qu'en voute, est bien droit,
A celle que ie voy d'vne taille bizarre,
Qu'ainsi le Ciel l'a faite, afin d'estre plus rare,
Aux mines, qu'vne Reine a moins de grauité,
Aux grosses, qu'elles ont beaucoup d'agilité,
Aux propres, que i'admire en eux la nonchalance,
Tout cela sans me faire aucune violence,
Car de plus, i'ay le don de mentir sans remors,
Vertu, que seulement on voit aux esprits forts.

### Iodelet.

Vous estes donc menteur?

### D. Felix.

Ouy, i'ay l'honneur de l'estre.

### Iodelet.

Le grãd hõme de bien, que Monseigneur mon maistre.

### D. Felix.

Voy-tu ne point mentir, est la vertu d'vn sot,
Souuent en retranchant, ou augmentant vn mot,
On se tire aisément d'vne affaire mauuaise.
Enfin, feignant par tout que ie suis tout de braise,
Des vnes, ie suis crû par leurs yeux bien charmé,
Des autres, ie me voy quelquefois bien aimé,
Et moy ie ry bien fort, tres-maistre de moy-mesme.
De celle qui me hait, & de celle qui m'ayme.

Iodelet.
Mais à quoy bon, Monsieur, joüer du doux regard,
Sur celle que l'on sçait aimer en autre part?
Quand vous voyez deux cœurs biē vnis l'vn à l'autre,
Vous allez aussi-tost en tiers offrir le vostre:
Est-ce la l'action d'vn homme bien sensé?
C'est en vous ce qui m'a le plus embaressé;
Car n'est-ce pas auoir l'humeur bien enragée,
Que de courir apres vne fille engagée?
De grace, éclaircissez mon esprit là-dessus.
D. Felix.
Voy-tu, ie suis rauy, si iamais ie le fus;
Quand vn Amant par moy deuient ame damnée,
Peste cent fois le iour contre sa destinée,
Qu'il se plaint iour & nuict à sa belle Venus,
Qu'il luy fait iour & nuict mil argumens cornus,
Pour luy faire auoüer par belle Rethorique,
Que ie suis depuis peu la mouche qui la pique;
Lors la sotte luy fait cent satisfactions,
Luy dit qu'il est l'objet de ses affections;
Le jaloux s'en contente; & pour prendre reuanche
Du temps qu'il a perdu luy baise la main blanche:
Puis apres la belle Ame, & le parfait Amant,
Se mettent à pleurer tres-idiottement;
Et moy tandis qu'entr'eux la querelle s'appaise,
Ie suis le plus souuent dans mon lict à mon aise.
Iodelet.
Ie veux que le plaisir soit grand de coquetter,

## Souffleté.

Mais si cét homme à qui vous en faites tasteī,
Est de ceux qui tousiours portent dans leurs valises
De chaussons, vn grand gand, pour quand on vient
 aux prises,
Vn poignard à coquille, & des fleurets brisez :
Enfin, si cét Amant que vous en jalousez,
Est vn gladiateur, vn homme acariastre,
Qui vienne vn beau matin vous battre comme plastre,
Et pour les males nuicts qu'il croit auoir pour vous,
S'en venge plainement, en vous roüant de coups,
Le jeu vous plaira-t'il ?

### D. Felix.

Depuis longues années,
Deux choses à la Cour sont de tous condamnées;
L'vne, ce que tu veux me faire redouter,
Pour des femmes se battre; & l'autre, de porter
De pourpoint boutonné. Mais on frappe à la porte.

### Iodelet.

Qui Diable (s'il n'est fou) peut frapper de la sorte?
Nous voudroit-on forcer d'ouurir malgré nos dents?

### D. Felix.

Va, va viste, de peur qu'on la mette dedans.

## SCENE II.

#### D. Gaspard, D. Felix, Iodelet.

##### D. Gaspard.

Est-il là Dom Felix?

##### Iodelet.

*Luy mesme.*

##### D. Gaspard.

*Ouurez que i'entre.*

##### Iodelet.

*Eussiez-vous la serrure au beau milieu du ventre:*
*Voicy quelque fendant, issu d'vn Roy des Gots.*

##### D. Gaspard.

*Pourray-ie auoir le temps de vous dire deux mots?*

##### D. Felix.

*Quatre, si vous voulez.*

##### D. Gaspard.

*Faites qu'il se retire,*
*Car deuant vn valet, ie ne vous puis rien dire.*

##### D. Felix.

*Ce valet est fidelle, & sçait tous mes secrets.*

##### D. Gaspard.

*Vous estes bien heureux d'en auoir de discrets.*
*Sçauez-vous bien mon nom?*

##### D. Felix.

Souffleté. 13
D. Felix.
D. Gaspard de Padille.
D. Gaspard.
Sçauez-vous que ie suis d'vne illustre famille?
D. Felix.
Oüy.
D. Gaspard.
Que ie suis cadet plein d'esprit & de cœur?
D. Felix.
Fort bien.
D. Gaspard.
Panure de biens, mais tres-riche d'honneur.
D. Felix.
On le dit.
D. Gaspard.
Sçauez-vous ce que l'ay fait en Flandre?
D. Felix.
Non.
D. Gaspard.
Lisez donc l'Histoire, & vous pourrez l'apprendre,
Sçauez-vous que ie sçay mener vn homme à bout,
Quand ie suis offensé, que ie tuë.
D. Felix.
Est-ce tours?
D. Gaspard.
J'ayme depuis six ans vne beauté suprême;
Et vous depuis six mois, vous aymez ce que l'ayme,
Et m'imitez si bien dans mon affection,

B

Que sans vous dispenser de la moindre action,
De tout ce que ie fay, vous estes la copie;
Vous m'obseruez en tout, par tout vostre œil m'épie
Et le iour & la nuict ie vous ay sur mes pas,
Quand la beauté que i'ayme, auec tous ses apas,
Pour me fauoriser, se monstre à la fenestre;
I'enrage de vous voir à mon costé parestre,
L'autre iour que ie fus malade de la toux,
Parce qu'il m'arriua de trousser deuant vous,
Aussi-tost sur ma toux si bien vous encheristes,
Que ie vous crûs atteint du mal que vous feignistes;
Et qu'vn catherre enfin de vous me vengeroit,
Lors ce fut entre nous à qui mieux tousseroit;
Vous crûtes que ma toux n'estoit pas sans mystere,
Et vous fistes merueille à me bien contrefaire:
De vous en quereller, i'eusse passé pour fou:
Ie vous laissay tousser tout vostre chien de saou.
Vn iour ie fus tenté (mais i'eusse esté peu sage)
De me donner vn coup de poignard au visage,
Pour voir si vous, Monsieur, qui m'allez imitant,
Seriez assez badin, pour vous en faire autant.
Vous riez quand ie ris, vous pleurez quand ie pleure:
Si ie pense chanter, vous chantez tout à l'heure,
Et souspirez aussi, quand i'ose souspiror,
Comme si vous estiez sur le point d'expirer.
Quand i'ose regarder la beauté que i'adore,
Ie rencontre aussi-tost vostre œil qui la deuore.
Ie me fasche à la fin d'estre tant imité:

## Souffleté.

Gardez bien d'estre aussi fasché de mon costé:
Si vous continuez d'estre tousiours mon singe,
En chevaux, en couleurs, en vestemens, en linge,
Enfin en tout ce qui concerne mon amour,
Ie suis pour vous joüer vn assez mauuais tour.
Adieu, faites profit de cette remonstrance?

### D. Felix.

Quoy, iusques dans ma chambre! ah Dieu, quelle
 arrogance?
Ah! ie le veux charger, ce maistre fanfaron:
On ne peut l'estre tant, & n'estre pas poltron.

### Iodelet.

Arrestez-vous, Monsieur? depuis longues années
Deux choses à la Cour sont de tous condamnées,
Pour des femmes se battre, & l'autre, de porter
De pourpoint boutonné.

### D. Felix.

I'entens encor heurter:
Le braue n'a pas dit tout ce qu'il vouloit dire:
Ouure luy promptement? i'en veux encore rire.

### Iodelet.

Ah! vrayment le brutal heurte bien autrement:
Mais cettui-cy paroist homme de iugement.

## SCENE III.

D. Felix, D. Sanche, Iodelet.

#### D. Felix.

Voy Mr vous daignez me rendre vne visite?
C'est me faire vn honneur, que i'obtiens sans
merite.

#### D. Sanche.

C'est moy-mesme, Monsieur, qui reçoy cét honneur.

#### D. Felix.

Que desirez-vous donc de vostre seruiteur?

#### D. Sanche.

Vous deuez bien sçauoir, Monsieur, ce qui me mene?
Feignant de l'ignorer, vous me mettez en peine.

#### D. Felix.

Ie ne suis pas Deuin?

#### D. Sanche.

Vous sçauez pourtant bien
Ce que vous me deués?

#### D. Felix.

Moy? ie ne vous dois rien.

#### D. Sanche.

Vous deués accomplir par vn juste Hymenée,
La parole autrefois à ma Niepce donnée;
Et bien considerer que le nœud qui vous joint,
Se peut bien relâcher, mais qu'il ne se rompt point.
Ie ne m'étonne point d'vn jeune homme volage;

## Souffleté. 17

Mais ie m'étonne fort d'un second mariage,
Qu'on ait que vous traitez au grād mépris des Loix
Qui ne permettent pas deux femmes à la fois.
Sçachant bien que ie suis, vous deuez vous attendre,
(Si vous nous offencez en un endroit si tendre,)
Qu'un homme qui tousiours a vescu noblement,
Ne relâchera rien de son ressentiment.
### D. Felix.
Est-ce tout ?
### D. Sanche.
C'est assez.
### D. Felix.
Oüy, pour me faire rire.
Mais vous auez beau faire, & vous auez beau dire
Ie suis trop jeune encor, pour un joug si pesant ;
Que vostre Niepce soit bien sage, & ce faisant,
Quelque songe d'argent pourra la satisfaire ;
Mais sur tout prenés garde, elle & vous, à vous taire.
### D. Sanche.
Ie ne donnerai pas mon honneur pour si peu.
### D. Felix.
Ie l'acheterois trop, estant vostre Neveu.
### D. Sanche.
Ie sçauray me venger sur vous d'un tel outrage.
### D. Felix.
Frappez-moy, tuez-moy ? mais point de mariage.
Iodelet, sçais tu bien le beau dessein qu'il a ?
Il me veut marier.

B 3

Iodelet.
　　　　Le grand fou que voilà?
　D. Sanche.
Vn Maiſtre me meſpriſe! vn valet m'injurie!
Que n'ay-ie de la force au gré de ma furie?
　　　　Iodelet.
Mon Dieu, qu'il eſt mauuais!
　　　　D. Felix.
　　　　Taiſez-vous, Iodelet?
　D. Sanche.
Helas! qu'on dit bien vray, tel Maiſtre, tel valet.
　　　　D. Felix.
Ah! ie l'ay trop joüé, i'ay peur qu'en ſa colere
Il ne faſſe rumeur chez mon futur beau-pere.
　　　　Iodelet.
C'eſt icy iuſtement où ie vous attendois.
Vous voulez eſpouſer deux femmes à la fois!
Et quoy, pretendez-vous que cette jeune fille,
Pauure, mais qui pourtant eſt d'honneſte famille,
Apres auoir conceu deux beaux enfans de vous.
S'appaiſe, en luy faiſant ſeulement les yeux doux?
Et vous ſouffre eſpouſer par quelque autre à ſa barbe
Elle n'en fera rien, Monſieur, par Sainte Barbe:
Puiſſay-ie là deſſus eſtre mauuais Deuin?
Mais quoy que vous ſoyez & tres-fourbe & tres fin,
Vous n'acheuerez point ce tour de paſſe paſſe.
　　　　D. Felix.
L'argent appaiſe tout, & l'argent tout éfface.

## Souffleté.

Ie connois Dorothée, & son vieil Oncle aussi:
Et sçay que la rumeur qu'il vient de faire ici,
N'est que pour quelque argent, dont la sôme est petite,
Que ie luy doy donner, en cas que ie la quitte.
Qu'on luy dise de moy tout ce que l'on voudra,
Si ie veux dés demain, ie feray qu'elle ira
Parler en ma faueur à ma Maistresse mesme,
Tant ie suis asseuré que la Balourde m'aime.

### Iodelet.

Elle en a grand sujet, car vous l'aimés bien fort.

### D. Felix.

Ie m'accommode au temps, & ie cede au plus fort.
Ie treuue en ma Lucie vn Ange que i'adore,
Vn objet qui rauit vn parti qui m'honore:
Et déja Iodelet, i'en serois possesseur,
Si certain Courtisan qu'on destine à sa sœur,
Estoit déja venu, on l'attend d'heure en heure,
Et c'est pour mes pechés, sans doute, qu'il demeure.
Ie ferois bien pourtant, pour agir seurement,
D'aller voir Dorothée, & la cruellement
Tâcher de l'appaiser par des belles paroles.

### Iodelet.

Vous l'appaiserés mieux auecque des pistoles.

## Fin du Premier Acte.

# ACTE II.
## SCENE I.

### D. Diegue, Alphonse.

#### D. Diegue.

IE ne puis plus loger dans cette Hostellerie,
C'est pis qu'un Hospital, pis qu'une gueuserie,
Ie croy que dans l'enfer on entend moins de bruit,
Et qu'on y passe mieux la plus mauuaise nuit.

#### Alphonse.

Ie suis moins delicat que vous; mais la punaise
M'a pourtant empesché de dormir à mon aise;
Les cousins m'ont piqué, les rats & les souris
M'ont pissé sur le nez, & i'ay veu des Esprits.

#### D. Diegue.

Va-t'en viste sçauoir où Dom Felix demeure?
Ne pense pas tarder plus d'un demy quart d'heure;
Et me reuiens treuuer.

#### Alphonse.

I'y voy tout de ce pas.
Il aura beau crier, ie ne laisseray pas
De me donner vn peu de vin par la machoire;
Et comment fait il donc? ie ne le voy point boire:
Moy, si i'auois esté sans boire vn demy iour,
On me verroit bien-tost mourir, non pas d'amour,
Mais plus cruellement, de pure secheresse.

## SCENE II.

Iodelet, Beatris, Alphonse.

### Iodelet.

Si le Ciel t'auoit fait vn peu plus pecheresse,
Que ie serois heureux, t'ayant donné mon cœur!
Car helas, mal-heureux! ie suis vn peu pecheur.
Mais me mordāt plus fort que pouroit mordre vn singe
En me criant vilain, tu foupis tout mon linge:
Quand ie te veux baiser, tu me mets tout en sang.
Que ne m'as-tu percé d' vn grand couteau le flanc,
Plustost que de m'auoir d'œillade meurtriere
Reduit au triste estat de croire que la biere,
(Qu'on dit estre vn sejour mal sain & catherreux,)
Seroit à moy chetif vn sejour bien heureux!
Tu sçay que mes tourmens sont tourmens veritables,
Et que ie t'ayme autant que tous les mille diables.

### Beatris.

Entendray-ie tousiours tes discours d'insensé?
Va te faire penser, si tu te sens blessé?
Ie m'en plaindray tantost à D. Felix ton Maistre.

### Iodelet.

Dom Felix? c'est celuy que ie cherche peut estre:
Ie le veux acoster; Monsieur!

*Iodelet, arrestant Beatris par sa robbe.*

Mais à propos....

### Iodelet

*Beatris, se débarassant.*

Va, parle à qui te parle? & me laisse en repos.

### Iodelet.

Peste soit l'importun qui vient troubler la faste?
Que i'aurois grand plaisir à luy rompre la teste!
Mais il me le rendroit.

### Alphonse.

Ie voudrois bien sçauoir
Où loge Dom Felix? & quand on le peut voir.

### Iodelet.

Il loge en sa maison.

### Alphonse.

En quel lieu?

### Iodelet.
Dans Tolede.

### Alphonse.

Ie le croy bien ainsi, mais ie ne puis sans aide
Treuuer cette maison, car je suis étranger.

### Iodelet.

Moy, ie suis vn qui tâche à te faire enrager.

### Alphonse.

Et quand le peut-on voir?

### Iodelet.

Alors qu'on te regarde.

### Alphonse.

Vrayment vous paroissés d'humeur assés gaillarde.

### Iodelet.
*Tandis qu'Alphonse regarde s'il ne voit personne.*
Ie serois bien plus gaillard, si vous estiés plus loin.

## Souffleté.

Si j'osais luy donner deux ou trois coups de poin.
### Alphonse.
Il luy donne vn soufflet.
Personne ne nous voit. Il prend me grand' enuie,
A ce fat le plus grand que i'ay veu de ma vie,
De donner vn soufflet au beau milieu du front.
### Iodelet.
Vous auiez donc dessein de me faire vn affront?
### Alphonse.
Ie m'en rapporte à vous.
### Iodelet.
Moy? ie n'en veux rien croire,
Pour vostre conscience, & pour ma propre gloire.
### Alphonse, en s'en allant.
Nous nous verrons encor mon braue.
### Iodelet.
Iodelet fait reflexion sur les paroles qu'il a euës auec Alphôse
Et de bon cœur,
Ne commandez-vous rien à vostre seruiteur.
Et quand le peut-on voir? alors qu'on le regarde.
Vrayment, vous paroissez d'humeur assez gaillarde.
Ie serois plus gaillard, si vous estiez plus loin.
Là dessus il me donne vn fort grand coup de poin.
C'est ainsi, m'est auis, que s'est passé la chose;
Mais auoit-il la main toute ouuerte, ou bien close?
Vn coup de poin est plus honneste qu'vn soufflet:
Ie m'en veux éclaircir? quoy que simple valet,
Ie suis jaloux d'honneur autant ou plus qu'vn autre.
Ie suis vn vray Demon, lors qu'il y va du nostre:

Et lors que d'vn soufflet il m'est venu charger,
Si ce n'est que i'ay veu qu'il estoit étranger,
Ie n'aurois pas tourné la chose en raillerie:
Mais pourtant i'estois prest de me mettre en furie,
S'il eut recommencé; Dieu fait tout pour le mieux;
Ie n'y veux plus penser.

    Beatris, raillant Iodelet.

        Cét homme est serieux,
Et frappe comme vn sourd: Pour moy, ie te conseille,
Puis que si librement il donne sur l'oreille,
De ne viure auec luy qu'auec bien du respect,
De ne le railler point, de l'auoir pour suspect,
Alors qu'il sera prest de ta chere personne;
Ma foy, bien brusquement sa main vn soufflet donne,
Et bien paisiblement ta face le reçoit.
Pourquoy le voulois-tu, luy qui te carressoit?
O mon cher Iodelet, au visage de Poque,
Si tu n'auois esté dans tes discours trop rogue,
Ton visage charmant ne seroit pas polu;
Mais tu l'as souhaitté, mais tu l'as bien voulu:
Et moy qui suis pour toy d'amour si mal traittée,
I'ay veu par main d'autruy ta face souffletée,
I'en ay la rage au cœur, i'en ay la larme aux yeux.

      Iodelet.

Tu ne te tairas pas?

## SCENE III.

D. Diegue, D. Felix, Iodelet.

#### D. Diegue.

J'En suis tout glorieux;
Et me voir auec vous, & dans vostre memoire,
Est vn bon heur si grand, que ie ne le puis croire.
#### D. Felix.
Ie m'acquitteray mal de ce que ie vous dois,
Si ie ne vous embrasse vne seconde fois;
Et ie me plains de vous, Dom Diegue, ou ie meure,
D'auoir hors de chez moy choisi vostre demeure;
Mais en vous traittant mal, ie sçauray m'en venger.
Va-t'en viste au logis faire tout arrenger;
Dom Diegue est mon hoste.
#### Iodelet.
En estes-vous bien ai-
#### D. Felix.
Ne pense pas icy dire quelque fadese?
#### Iodelet.
Ie ne dy rien.
#### D. Felix.
Escoute?

## SCENE IV.

D. Diegue, Alphonse, D. Felix, Beatris.

D. Diegue.

Alphonse, approche-toy,
J'ay treuué Dom Felix.

Alphonse.
Et t'ay souffleté moy
Son faquin de valet.

D. Diegue.
Comment?

Alphonse. Il vouloit rire,
Ie l'ay prié cent fois, & cent fois de me dire,
Où loge Dom Felix, il m'a traitté de sot.

D. Diegue.
Voy-tu, si Dom Felix m'en dit le moindre mot,
Ie veux qu'on le contente, & qu'on le satisface.

Alphonse.
Ie pourray bien encor luy retoucher la face.

D. Diegue.
Et moy, ie pourray bien, si i'en entends parler,
Aux dépens de ton dos t'apprendre à quereller.
Ie ne puis refuser Dom Felix qui me prie,
Retourne vistement à nostre hostelerie
Querir mon equipage, & l'apporte chez luy.

## Souffleté.

**Beatris, parlant à D. Felix.**

Ie vous ay bien cherché Dom Felix aujourd'huy.

**D. Felix.**

Et que veux-tu de moy, Beatris?

**Beatris.**

Ma Maistresse
Vous veut entretenir pour affaire qui presse.

**D. Felix.**

Et ma belle inhumaine est-elle à la maison?

**Beatris.**

Elle vient à l'instant d'aller à l'Oraison.

**D. Felix.**

Elle y va bien en vain, puis qu'alors qu'on la prie,
Au lieu de la flechir, on la met en furie,
Vne plainte l'offence, vn souspir luy déplaist,
Et toute belle, jeune, & parfaite qu'elle est.

**Beatris.**

Ah! mon Dieu gardez luy tant de belles Fleurettes.
Quant à moy i'y renonce, & i'en ay les mains nettes,
Ie ne veux point ouyr les discours d'amoureux,
Ils sont en bonne foy malins & dangereux:
Ie peche assez d'ailleurs, sans pecher par l'oreille.
A propos de pecher, vostre vuide bouteille,
Vostre grand faineant, vostre chien de valet,
Enfin ce mal basti, ce maudit Iodelet,
Depuis deux ou trois iours m'a prise pour vn' autre
Ie l'aurois bien frotté, si ce n'est qu'il est vostre.
Il me treuue à son gré, tout ce que i'ay luy plaist,

Mais me plaist-il aussi, le maussade qu'il est?
Il m'en faut bien vn autre, & d'vne autre fabrique;
C'est vn beau marmouset, c'est vn bel as de pique;
Il pense quand la nuict il a Guitarisé,
Que i'en ay tout le iour le cœur martyrisé.
A la fin il verra si vous n'y donnez ordre,
Que i'égratigne bien, & que ie sçay bien mordre,
Il me va tourmentant de ses affections;
Il me va proposant des fornications;
Et pour qui me prend-il? ah! par ma foy i'enrage,
Encore s'il me parloit vn peu de mariage.
Dites luy bien, Monsieur, qu'il ne soit plus si fou.

### D. Felix.

Va, chere Beatris, ie luy rompray le cou.

### Beatris.

Quelques coups suffiront, & quelque reprimande.

### D. Felix.

Ie l'estrilleray bien.

### Beatris.

Le bon Dieu vous le rende.

### D. Felix.

Il faut que ie vous quitte, excusez vn Amant.

### D. Diegue.

Vous reuiendrez bien-tost.

### D. Felix.

Dans vn petit moment.

### Beatris.

Venés donc vistement, sans tant vous faire attendre,
Ma maistresse tantost me dira pis que pendre.

SCENE

## SCENE V.

D. Diegue, Alphonse.

#### D. Diegue.

Dom Felix ne sçait point ce qui m'amene ici,
Car i'ay quelque raisou de me cacher ainsi.
#### Alphonse.
Mais il sçaura bien-tost que c'est pour mariage.
#### D. Diegue.
Si ie ne treuue pas mon compte où l'on m'engage,
Si mon Pere a choisi quelque objet odieux,
Quelque Idole doré qui me choque les yeux.
Plustost que d'espouser vn demon domestique,
(Quoy que du procedé le bon homme se pique,)
On me verra bien-tost a Madrid de retour.
#### Alphonse.
Les Peres qui ne font qu'aux richesses l'amour,
Et font tout en faueur de la jaune pistolle,
Ayment mieux vne bru laide, puante & folle,
Auec beaucoup d'escus, sans, pesans & beaux,
Qu'vne que deux beaux yeux, vrai celestes flâbeaux
Vne vertu parfaite, vne hymeur agreable,
Peuuent jusqu'au pou qui vendre objet adorable.
Le Marquis vostre Pere

## SCENE VI.

Lucie, Gillette, D. Diegue, Alphonse.

Lucie paroist sur le Theatre, menée par vn homme, &
suiuie de Gillette.

#### Lucie.

ET ce chien de cocher?
#### Gillette.
Il ne se treuue point, ie le viens de chercher:
Cét Turongne est sans doute allé boire chopine.
#### D. Diegue.
Alphonse, qu'elle est belle! & qu'elle a bonne mine!
#### Lucie.
Et ce coquin me met ainsi sur le paué?
#### Gillette.
Ie n'ay pas eu le temps de dire vn pauure Aué:
Ie l'ai cherché cent fois à l'entour de l'Eglise.
#### D. Diegue.
Mon Dieu, si c'estoit là celle qu'on m'a promise,
Que ie serois heureux!
#### Alphonse.
Allez voir, que sçait-on?
Et puis que ce Soleil n'a point de Phaëton,
Allez-vous presenter, & la menez chez elle.
#### D. Diegue.
Et toy, tâche à sçauoir le nom de cette belle.

Souffleté. 31

#### Alphonse.

Ie le sçauray bien-tost.

#### D. Diegue.

*Tandis qu'Alphonse entretient l'homme de Lucie.*
                    Madame, vn estranger
Peut-il vous demander, sans se mettre en danger,
D'estre trop temeraire, ou de trop entreprendre,
L'hõneur de vous mener, où vous voulés vous rẽdre?
Ie reconnois assez ne le meriter pas:
Nous vous en conjurons, par vos diuins apas:
Et mes desirs & moy, qui sur vous ayant veuë,
De mille attraits charmãs, cõme vn Ange pourueuë,
Resolu de mourir esclaue de vos yeux,
Qui seront desormais mes Maistres & mes Dieux.

#### Lucie.

I'accepterois, Monsieur, la faueur presentée,
Si ie croiois l'auoir tant soit peu meritée:
Et pour cette raison, i'ose vous auertir,
Que vous estes vn peu trop prompt à vous offrir.

#### D. Diegue.

I'ay tort, ie le confesse, & cét offre est petite,
A la considerer selon vostre merite :
Mais qui peut vous offrir ce que vous meritez?
Et vous faire ici bas des liberalitez?
A vous, en qui le Ciel superbement assemble
Les plus riches Tresors qu'on puisse voir ensemble,
Vne mine celeste, vn esprit sans pareil,
Vn adorable corps aussi beau qu'vn Soleil?

C 2

## Iodelet

Madrid, ne faites plus gloire de vos coquettes?
Tolede seulement a des beautez parfaites;
Et ie treuue a Tolede, & dés le premier iour,
Ce que ie n'ay iamais pû voir en vostre Cour.

### Lucie.

A ces riches discours qui pourroient me confondre,
Il me faudroit beaucoup de temps pour y respondre.
A Tolede, on n'a pas l'esprit assez present;
Vous vous donnez à moy, c'est vn riche present,
Dôt vous deuez, Mʳ, vous rëdre vn peu plus chiche:
Ie ne veux point de vous, car ie serois trop riche:
Et vous qui vous donnez si temerairement,
Sçachez que vous seriez traitté cruellement,
Et que vous ne sçauez pas bien ce que vous faites?

### D. Diegue.

Ie sçay ce que ie fais, ie sçay ce que vous estes;
Que ie suis bien blessé, que ie suis en prison,
Que ie suis plein d'amour, que ie suis sans raison;
Ie sçay bien que ie suis vn amant temeraire,
Que personne icy bas n'est digne de vous plaire,
Ie sçay qu'en vous voyant, ie treuue dans vos yeux
Vn plaisir approchant de la gloire des Cieux:
Mais helas! ie ne sçay si cette gloire offerte,
Doit estre mon salut, ou doit estre ma perte.

### Lucie.

Et moy ie sçay fort bien qu'vn homme de la Cour.
Feint fort facilement qu'il va mourir d'Amour.

Souffleté.

Gillette.

J'ai treuué le Cocher, il estoit à la place.

Lucie.

Ha ! vraiment ce coquin merite qu'on le chasse.

Gillette.

Ce sera fort bien fait, car ce n'est qu'un vaut rien.

Lucie.

Cupidon vous assiste, & vous fasse du bien.
Adieu mon Caualier.

D. Diegue.

Adieu, qu'elle est aimable,
Et que ie suis, Alphonse, un Amant miserable,
Si celle que ie viens en ces lieux espouser,
N'est pas cette beauté qui vient de m'embraser.

Alphonse.

Et que donnerez-vous pour ce bon-heur extréme ?

D. Diegue.

Ie donne tout mon bien, ie me donne moi-méme.

Alphonse.

Réjoüissez-vous donc, car le Pere qu'elle a.
S'appelle (m'a-t'on dit) Dom Pedro d'Auila.

D. Diegue.

Est-il possible, Alphonse ? & son nom est Helene.

Alphonse.

Pour cela, ie l'ignore.

D. Diegue.

Ah ! tu me mets en peine :
Cette beauté sera peut estre quelque sœur.

C 3

Et cependant, Alphonse, elle regne en mon cœur:
Et de telle façon, que si ce n'est point elle,
Pour estre bon Amant, ie seray Fils rebelle:
Ses beaux yeux dessus moy tout à coup éclatans,
M'ont éblouy, blessé, conquis en mesme temps:
Elle n'a dessus moy décoché qu'vne œillade,
Et ie m'en meurs, Alphose, au moins i'en suis malade,
D'vn mal si dangereux, que ie serois marry,
Dut-il causer ma mort, si i'en estois guery.
Adorable Beauté, pourquoy vous ay-ie veuë,
Si ie n'auray de vous seulement que la veuë,
Helas! vous auoir veuë, & ne vous auoir pas!
C'est bien asseurément auoir veu son trépas!
Que ie te treuue froid dans ton morne silence!
Prens pitié de mon mal, & de sa violence:
Tiens moy quelques discours qui puissent m'alleger:
Car ne me dire rien, c'est me faire enrager.
As-tu iamais rien veu qui soit approchant d'elle?
Dis-moy, seray-ie heureux? sera-t'elle cruelle?
As-tu veu dans ses yeux reluire quelque espoir?
Ne la verray-ie plus? la pourray-ie encor voir?
Tu ne me repons rien!

### Alphonse.

Que vous pourroi-ie dire?
Ie n'ay rien là dessus à faire qu'à m'en rire,
Si vous le permettez, car à t'on iamais veu
Vn homme comme vous d'entendement pourueu,
Voir, parler, saluer, aimer presque mesme heure?

## Souffleté.

Iniurier la mort, qui trop long temps demeure?
Exaggerer ses maux en termes de folie?
Et cela sans sçauoir à qui vous en voulez,
Cependant vous sçauez que vostre mariage.....

### D. Diegue.

Tais-toy? me voyant fou, tu veux faire le sage:
Ie ne veux pas sçauoir si i'ay tort ou raison,
Ie ne veux que sçauoir si tu sçais sa maison
Ie suis atteint d'vn mal que le remede empire,
Ie vois bien le meilleur, mais ie choisis le pire.
Sçache, si ie fais mal, que ie le sçais fort bien,
Suis donc mes sentimens, & ne dis plus rien,
Sçais-tu bien sa maison?

### Alphonse.

C'est dans la grande Place.

### D. Diegue.

Bon, Dom Felix y loge; il faut que ie t'embrasse;
Voy-tu bien mon habit?

### Alphonse.

Fort bien.

### D. Diegue.

Il est à toy.

### Alphonse.

Oüy, mais vous l'vserez deuant qu'il soit sur moy.

### D. Diegue.

Ie te le donneray dés demain, ou ie meure.
Mene-moy donc bien viste où mon Ange demeure,
Afin qu'à ses genoux i'aille luy confirmer,

Que ie n'ay pû la voir, sans aussi-tost l'aimer:
Mais helas! i'ay biẽ peur que quelque sœur moins belle
Ne me vienne tantost recevoir au lieu d'elle:
Mais certes, si ie suis mal heureux à ce poinct,
Dom Diego Giron ne se mariera point.

### Fin du second Acte.

# ACTE III.
## SCENE I.
### Iodelet seul.

L'hõneur, ô Iodelet, est vn tresor biẽ cher!
Il faut, ô Iodelet, aujourd'huy bien cher-
cher                      (d'audace,
Celuy qui t'a fait niche auecque tant
Et d'vne seule main couuert toute ta face!
Temeraire estranger, où te cacheras-tu?
Qui de peut dérober à Iodelet battu?
Iodelet, vn Dæmon irreconciliable,
Alors que l'on luy fait quelque affront reprochable!
Encor si coup sur poinct estoit le coup donné:
Mais las! c'est vn soufflet, & des mieux asséné,
Et Beatris l'a veu, Beatris la coquette,

Souffleté. 37

Qui l'aura publié bien mieux qu'une trompette.
Mais tous ceux qui sçauront que ie suis outragé,
Sçauront en peu de temps que ie suis bien vengé.
Alphonse est derriere qui l'escoute.
Si ie te puis treuuer, estranger temeraire,
Escoute en peu de mots ce que ie te veux faire ?
Ie te veux....

## SCENE II.

Alphonse, Iodelet.

Alphonse, le surprenant.

Quoy ?

Iodelet.

Ho, ho, cher amy, c'est donc vous ?
Ie viens de preparer une chambre chez nous
Au Seigneur Dom Diegue ; au reste, nostre frere,
Nous vous obligerons par nostre bonne chere
A faire plus de cas du pauure Iodelet.

Alphonse.

Ie suis au desespoir de ce maudit soufflet ;
Mais aussi vous deuiez en charité me dire....

Iodelet.

Mon Dieu, n'en parlons plus, ce n'estoit que pour rire.
Quant à moy des amis ie veux tout endurer.

#### Alphonse.

Voilà mon Maistre, adieu.

#### Iodelet.

Ma foy, sans diferer,
Je devois luy donner vn peu sur les oreilles;
Nous estions seul à seul, auec armes pareilles.
Foin, la pitié me prend toûjours mal à propos;
Je veux estre cruel, & luy casser les os:
Et que dés aujourd'huy par ce cartel il sçache,
Que ie me sçay venger, alors que l'on me fâche.
Je le trouueray bien.

## SCENE III.

### D. Diegue, Alphonse.

#### D. Diegue.

Alphonse, ie suis mort.
Vrayment, i'auois raison de me haster si fort:
Enfin i'ay veu celuy qui sera mon beau-pere,
C'est à dire si i'ay la beauté que i'espere.
Si Lucie est à moy, car pour sa grande sœur,
Je seray seulement son humble seruiteur:
Autrement ie rompray le traitté comme vn verre,
Dût mon pere éclatter sur moy comme vn tonnerre.

## Souffleté.

Escoute en peu de mots comme tout s'est passé.
Ie suis entré chez luy, comme vn homme incensé:
Et sans considerer beau-pere ny personne,
Sans dire que ie suis, dont vn chacun s'estonne,
I'abord deputé par ce beau compliment.
Madame, vous voyez vn bien-heureux Amant,
Qui maudissoit tantost sa dure destinée,
Ne sçachant pas à qui vous estiez destinée,
Mais qui depuis qu'il sçait que vous estes pour luy,
Se tient le plus heureux des Amans d'aujourd'huy.
Alors sans luy donner le temps de me respondre,
Le beau-pere fascheux est venu me confondre:
Car apres m'auoir pris bras dessus, bras dessous,
Et dit plus de cent fois, comment vous portez-vous?
Et qu'il estoit heureux de m'auoir pour son gendre:
Vous venez, m'a-t'il dit, Mr. de vous méprendre:
Ma cadette n'est pas celle que vous aurez,
La vostre est son aisnée, en qui vous treuuerez,
Outre qu'elle est aisnée, & plus belle, & plus sage,
Cent mille beaux escus qu'elle aura d'auantage.
Là dessus cette sœur s'est offerte à mes yeux,
Qui n'ont point encor veu d'objet plus ennuyeux,
Non qu'elle ne puisse estre aimable au gré d'vn autre,
Mais elle ne le peut estre iamais au nostre,
De cela, ie ne puis te dire la raison,
Elle m'eut plû peut-estre en vne autre saison:
Elle a fait deuant moy, pour tascher de me plaire,
Tout ce qu'elle sçauoit, mais elle auoit beau faire:

Elle a fait dessus moy merueille de tirer;
Tous ces coups ont blanchy, tant i'ay sceu bien parer;
Tandis que sa cadette, auec cent traits de flâme,
N'en a tiré pas vn qui ne m'ait percé l'ame.
I'ay pourtant reconnu, qu'elle a beaucoup d'esprit,
Mais moy sans luy répondre, enrageant de dépit,
Et confus, si iamais ie le fus de ma vie,
De voir quelle beauté m'alloit estre rauie;
Les yeux sur ma Lucie, elle les yeux sur moy,
I'ay pris congé d'eux tous en fort grand desarroy,
Feignant d'estre attaqué d'vne grande migraine,
Alphonse voy par là combien ie suis en peine,
Tourmenté de l'amour, & de l'auersion,
Et n'esperant plus rien qu'en quelque inuention,
Qui détourne de moy ce fâcheux mariage.
Alphonse, c'est icy qu'il faudra faire rage;
Que sans considerer ce que l'on en dira,
Et qu'auec Dom Felix ceci me broüillera,
A qui, comme tu sçais, Lucie est destinée;
Il faut pour empescher ce maudit Himenée,
Tromper Peres, Parens, Espouse, Amis:
Aussi bien pour regner tous crimes sont permis:
Et moi ie me tiendray, si i'obtiens cette Fille,
Plus grand Roi que celui qui regne en la Castille.
Mais voici Dom Felix, finissons ce discours.
Et bien cher Dom Felix, comment vont nos amours

## SCENE IV.

D. Felix, D. Diegue, Alphonse.

#### D. Felix.

Elles vont, cher amy, même train que les vostres.

#### D. Diegue.

On vous a donc apris tout le secret des nostres?

#### D. Felix.

Et que nous épousons deux sœurs en mesme iour,
Qu'on appelle à bon droict deux miracles d'amour.
Dieux ! que j'éprouverois la Fortune prospere,
Mon plus fidelle amy deuenant mon beau frere,
Si ie ne me voyois cruellement traicté,
Par ce diuin objet dont ie suis enchanté !
Nostre fortune icy d'eûroit estre semblable,
Mais vous estes heureux, & ie suis miserable,
Et quoy que nous deuions épouser les deux sœurs,
Nous ne gousterons pas de pareilles douceurs.
Vous treuuerez vn esprit en ta parfaite Helene,
A ne donner iamais au vostre aucune peine.
Dans celuy de sa sœur, violent & leger,
I'en rencontre vn tres-propre à me faire enrager.
On n'attendoit que vous pour nostre mariage,
Ie me croyois au port, a couuert de l'orage,

Mais depuis quatre iours il s'en est éleué
Vn, dont ie ne suis pas encor si bien sauué,
Que ie n'en aye encor l'esprit rempli de crainte :
I'ay serui quelque temps sans reserue & sans feinte,
( Deuant que ma Lucie eut enuahi mon cœur.)
Vne fille de qui la complaisante humeur,
La beauté de la taille, & celle du visage,
M'ont fait perdre quasi le nom d'Amant volage:
Mais tous ces grands apas se rencontrans sans bien,
Et n'estant pas vn homme à me donner pour rien,
Ma Lucie aisément m'a fait estre infidelle.
Depuis peu, ma jalouse en ayant eu nouuelle
En publiant par tout qu'elle est grosse de moi,
Et que ie ne puis plus disposer de ma foi:
Elle a fait si beau bruit, que ma belle Lucie
Veut estre là dessus pleinement éclaircie.
Deux mille escus promis ont fait cesser les bruits,
Pour lesquels i'ay passé de tres-mauuaises nuits,
Mais pourtant la cruelle est encore à se rendre:
Et c'est ce que tantost m'estoit venu apprendre
Vne femme en secret, quand ie vous ay quitté.
Vous m'auez pardonné cette inciuilité:
Car vous sçauez assez qu'vn homme quand il aime,
Est esclaue, & n'est plus le maistre de soi-mesme.
Cet auis n'estoit pas pour estre negligé,
Me venant d'vne main qui m'a tant obligé,
De vostre chere Helene, vne fille obligeante,
Autant que quelquefois sa sœur est outrageante:

## Souffleté.

D'vn esprit orgueilleux, d'vn esprit contestant;
Mais auec ses defauts, que i'adore pourtant.
Ah Dieu! si la douceur estoit communicable,
Si sa sœur la rendoit d'vn esprit plus traittable,
Que ie serois heureux! & que vous le serez
Auec cette beauté que vous espouserez!
Il n'en fut iamais vne aussi sage en Toledes,
C'est d'elle qu'en mon mal i'espere du remede;
Et d'elle que i'ay sceu, cher amy que c'est vous,
Que depuis si long-temps elle attend pour Espoux.
Au reste, sa vertu cede à vostre merite,
Quand on parle de vous, elle est toute interdite.

### D. Diegue.

Ne me cajollez point d'vn si beau coup de trait,
Car ie n'y visois pas alors que ie l'ay fait.

### D. Felix.

Quoy? vous repentez-vous d'vne telle conqueste?

### D. Diegue.

Pour moy le mariage est vne triste feste,
Et ie serois fasché de voir pour nostre amour,
Perir vne pauurette, & dés le premier iour.
Ie suis icy venu pour en faire vne femme,
Et non pour luy porter le desordre dans l'ame.
C'est vous, quãd vous aimez qui mettez tout en feu.

### D. Felix.

Lucie, & ses dédains, le témoignent bien peu.

### D. Diegue.

Puis que vous l'espousez, vous l'auez bien éprise.

## D. Felix.

J'ay peur l'auoir couruë, & qu'vn autre l'ait prise;
Car aujourd'huy sa sœur m'a dit qu'asseurément
Quelque chose pour moy la change étrangement ;
Et que dieu à regret ce superbe courage,
(Qui ne veut point d'vn bië qu'vn autre lui partage)
Se resout à la fin de m'admettre en son cœur,
Mais à condition que son pere & sa sœur
Sçauront la verité de ceste Dorothée.
Voicy l'heure tantost entre nous arrestée,
Que ie dois faire voir à Pedro d'Auila
Cette Fille, & de plus certain Oncle qu'elle a,
Qui l'a toûjours nourrie, & qui luy sert de pere:
Il est necessiteux, & parce qu'il espere,
Que s'il me rend content, ie le regaleray,
Cet homme ne dira que ce que ie voudray;
Encor que Gentil-homme, il a l'ame venale;
A luy toute action qui profite, est loyale;
Et sans son auarice, asseurement ie croy,
Que sa Niepce eut bien pû se defendre de moy.
Voila, mon cher amy, l'estat de mon affaire,
Où i'ay d'abord treuué le vent assez contraire;
Mais i'espere bien-tost, dans vn port asseuré,
Partager auec vous vn tresor desiré.
Cependant vostre esprit, dont ie connois l'adresse,
Peut, s'il veut, adoucir celuy de ma tigresse,
Lors que vous la verrez, tâchez de l'obliger
A ne se plaire plus à me faire enrager.

*Allons*

Allons-y de ce pas, aussi bien vostre Helene,
(Qui s'inquiete fort, pour certaine migraine,)
Qui vous a pris chez eux, m'a prié mille fois
De vous y remener, lors que ie vous verrois,
Ne faites pas languir plus long-temps vne Amante,
Qui témoigne pour vois vne ardeur violente.

### D. Diegue.

Allons, ie suis à vous dans vn petit moment.
Alphonse va querir mes lettres promptement?
Et songe à....

### Alphonse.

I'entens bien.

### D. Felix.

I'apperçoy ce me semble
Nostre futur beau-pere, & ses Filles ensemble.
Allons les receuoir, ils viennent droit à nous.

## SCENE V.

D. Pedro, D. Felix, Helene, D. Diegue,
Lucie.

D Pedro sort de sa maison auec ses filles.

### D. Pedro.

Bon iour, mes chers Enfās, ie m'en allois chés vous
Voicy l'heure tantost entre nous arrestée,
Vous plaist-il pas aller chez cette Deputée?

D

### D. Felix.

Monsieur, quelque enuieux, infame, & sans honeur,
(Pour me priuer du bien dont dépend mon bon-heur)
A fait courir des bruits contre ma renommée.

### D. Pedro.

Ie vay toûjours deuant : Vous, & ma Fille aisnée,
Me suiurez en carosse, estant comme ie suis,
Goutteux sur mes vieux iours, ie marche quãd ie puis.
Quoy que viel animal, ie ne suis pas si rosse,
Que ie ne puisse bien me passer de carosse.
Vous autres jeunes gens, si vous auiez marché,
Vous croiriez contre vous auoir fait vn peché.
Auec mon seul baston, ie vay fort à mon aise,
Il me sert de cheual, de carosse, & de chaise.

*Parlant à D. Diegue.*

Monsieur, nous ne ferons qu'aller & reuenir:
Vous aurez cependant, pour vous entretenir,
Cette fripponne-là, ma cadette Lucie.

### Helene.

Il est plus à propos qu'il soit de la partie.

### D. Diegue.

Vous me dispenserez, nous auons elle moy
Quelque chose à vuider.

### Helene.

Elle & vous ! & pourquoy?
Ie ne vous puis souffrir ainsi seul auec elle.

### Lucie.

Quoy, jalouse de moy? la fantaisie est belle!
Et d'où vous vient, ma sœur, cette gentille humeur?

Souffleté.

Helene.

De la vostre, coquette.

Lucie.

Ho, ho, ma bonne sœur,
Vous me voulez du mal!

Helene.

Et vous, dont ie m'estonne,
Vous voulez trop de bien à certaine personne.

Lucie.

Si ie luy veux du bien, vous en estonnez-vous?
Dois-ie hayr celuy qui sera vostre Espoux?

Helene.

Deuez-vous essayer qu'il deuienne le vostre?

Lucie.

Ie ne cours pas ainsi sur le marché d'vn autre,
Et puis ie connois bien que i'y perdrois mes pas.
Vous le courez trop fort, pour ne l'attraper pas.

Helene.

Vous ne fustes iamais qu'indiscrette & picquante.

Lucie.

Ie ne seray iamais que vostre humble seruante.

Helene.

Vous deuriez donc auoir pour moy plus de respect.

Lucie.

Mõsieur vous déuroit dõc estre vn peu moins suspect.

Helene.

Ie crains vn Courtisan, autant qu'vne coquette.

D 2

### Lucie.

Ne craignez rien, ma sœur, d'vne pauure cadette :
Monsieur a trop d'esprit pour vous manquer de foy,
Vous, & cent mil escus, vallent bien mieux que moy.

### Helene.

Ie ne puis donc à moins vous estre comparable.

### Lucie.

Vous dites vray, ma sœur, ie suis toute adorable :
Et si vous ne prenez bien garde à vostre Amant,
Ie vous le rauiray d'vn regard seulement.

### Helene.

Vous le voudriez bien, si vous le pouuiez faire :
Mais vos discours picquãs cõmencent à me déplaire,
Vous viendrés auec nous, Monsieur si vous m'aimez
Ou bien tous mes soupçons seront trop confirmez.

### D. Diegue.

Ie vous veux obeyr : mais ce soupçon m'offence,
Et Dom Felix sçait bien quelle est mon innocence.

### Helene.

Dom Felix, vous auez icy mesme interest.

### D. Felix.

Ah! Madame, ie sçait la chose comme elle est,
Le Seigneur Dom Diegue est vn autre moy-mesme :
S'il a voulu parler à la beauté que i'ayme,
Qui depuis ces faux bruits qui m'ont assassiné,
Me fait souffrir des maux cõme en souffre vn damné.
Ce n'est qu'en ma faueur, ce n'est qu'a ma priere :
Il connoist la rigueur de cette beauté fiere,

## Souffleté.

Il sçait que depuis peu son mal-heureux Amant,
(Qui se tiendroit heureux d'vn regard seulement,)
Reduit au desespoir de la voir si cruelle,
A quasi fait dessein de mourir deuant elle.

### Lucie.

Vous seriez Dom Felix vn peu trop inhumain,
Ie ne merite pas vn si beaucoup de main,
Si vous vouliez pourtant faire cette proüesse,
Moy, qui n'ay point encor veu d'homme qui se blesse,
Vous ne me verriez plus douter de vostre foy ;
Mais nous perdrions trop, & Darothée & moy,
Et Messieurs vos Enfans demeureroient sans Pere.

### D. Felix.

Dois-ie mourir d'Amour pour qui me desespere?

### Lucie.

Dois-ie mourir d'Amour deuant que sçauoir bien
Si Dorothée est sage, & vous homme de bien?

### Helene.

Ah! Seigneur Dom Felix, c'est se rompre la teste;
Vous ne connoissez pas cette meschante beste :
Si vous vous arrestez à ce qu'elle dira,
Mon pauure Dom Felix, l'esprit vous tournera,
Apprenez qu'aujourd'huy son Demon la possede;
Et quäd ce mal luy préd, qu'il n'est point dans Tolede
D'homme assez patient pour ne pas enrager.

### Lucie.

Laissez-moy donc icy pour fuir ce danger,
Et courrez vistement où Dom Felix vous meine;

D 3

Mon Pere vous attend, que vous mettez en peine,
Allez, ma cher' sœur, aller verifier,
Si ce beau Gentil-homme est beau à marier.

Helene.

Ce n'est pas tant pour vous que ie prends cette peine,
Que pour luy.

Lucie.

Mais plûtost, ma bonne sœur Helene,
Ce n'est pas tant pour luy, ny pour moy, que pour vous,
Que vous desirez tant de le voir mon Espoux.
Mais vous ne songez pas que vous faites attendre
Mon Pere.

Helene.

Et ce carosse?

D. Felix.

Il nous doit venir prendre
Au destour de la ruë.

Helene.

Allons y vistement.

D. Felix.

Adieu, belle inhumaine!

Lucie.

Adieu, parfait Amant!

Lucie, seule.

Nous voyons bien pourquoy, Madame la jalouse,
Vous souhaittez si fort que Dom Felix m'épouse,
C'est pour vous asseurer vostre futur Espoux.
Dont vous voyez les vœux ne s'adresse qu'à nous.

## Souffleté.

Ah ! ie ne voy que trop par son morne silence,
Qu'à vous voir seulement, il se fait violence :
Au lieu que par ses yeux attachés sur les miens,
Ie voy qu'asseurément il est dans mes liens.
Mais helas ! il me tient d'vne étrainte aussi forte :
S'il m'aime auec excès, ie l'aime de la sorte :
Mais s'il n'est pas à moy, personne ne m'aura :
Mon Pere là-dessus fasse ce qu'il pourra,
Dom Felix là-dessus atteste Ciel & Terre,
Et ma Sœur auec eux me denonce la guerre,
Si ie n'ay Dom Diegue à la barbe d'eux tous,
Ie veux bien n'espouser iamais qu'vn vieil jaloux.

*Haussant la voix.*
Gillette ?

## SCENE VI.
### Gillette, Lucie.

#### Gillette.

Me voicy, Madame.

#### Lucie.

Escoute, i'ayme,
Et pour te dire vray, i'ayme plus que moy-mesme,
Ce jeune Caualier qu'on destine à ma sœur,
Et ie me trompe fort, ou ie regne en son cœur.

Au premier carrefor va loüer vne chaise :
Mais de cecy, Gillette, il faut que tu te taises ;
Tout mon bon-heur depend aujourd'huy du secret
Et des inuentions de ton esprit discret,
Cours apres Dom Diegue, il est auec Helene,
Et que ton bel esprit aaroittement le mene
Deuant les Iacobins, où ie me trouueray :
Déguise bien ta voix.

    Gillette.

     Le mieux que ie pourray.
    Lucie.

Va donc querir mon voile, & te caches d'vn autre ?
    Gillette.
Si vous changiez de robbe, on connoistra la vostre.
    Lucie.

Ma chaise empeschera qu'on ne la puisse voir,
Et le bon Dom Pedro, comme tu peux sçauoir,
Au delà de son nez ne voit rien sans lunettes ;
Il aura grand besoin d'en auoir de bien nettes,
Pour voir clair dans l'affaire où ie le vay broüiller
Auecque Dom Felix : Allons nous habiller ;
I'ay des Lettres à prendre au fond de ma cassette ;
Vien viste m'ouurir, ma fidelle Gillette.

## Fin du Troisiéme Acte.

# ACTE IV.
## SCENE I.

Gillette, Lucie.

Gillette.

EN déguisant ma voix, corrompant mon
  langage,
Et m'acquittant enfin fort bien du personnage,
I'ay tres-adroitement, mais non sans quelque peur,
Accosté Dom Diegue aupres de vostre sœur ;
Ie l'ay conduit où vous deuiez vous rendre,
Ce qui s'en est suiuy, vous pouuez me l'apprendre.

Lucie.

Ah! Gillette, mon cœur, que tout est bien allé!
Et que i'ay doctement à mon Pere parlé!
I'auois honte pourtant, bien assise à mon aise,
De le souffrir debout à costé de ma chaise.
I'ay fait croire au vieillard tout ce que i'ay voulu ;
Ie ne me vis iamais l'esprit si resolu,
Il croit asseurément que ie suis Dorothée,
Que celle qu'il a veuë est personne apostée,

Que Dom Felix a fait parler pour de l'argent,
Qu'en cela l'on luy fait vn affront outrageant:
Enfin i'ay fait si bien auec mon beau langage,
Que peut-estre il rompra tantost mon mariage.
Ie l'entendois disant, en se mordant les doigts:
Dom Felix veut auoir deux femmes à la fois?
Et que l'vne des deux soit ma fille Lucie!
Ah! vrayment l'alliance estoit fort bien choisie.
Ah, i'empescheray bien qu'on se mocque de moy,
Impudent, affronteur, sans honneur & sans foy!
Enfin ie l'ay laissé pester tout à son aise,
Et suis viste venuë au grand train de ma chaise
Tout droit au rendés-vous que ie t'auois donné,
Où tres-exactement tu m'auois amené.
Mais i'apperçoy venir le vieillard qui rumine:
Allons quitter le voile, & faisons bonne mine.

## SCENE II.

### D. Pedro, seul.

L'On me faisoit fort bien passer pour vn Oyson,
Et ma Fille Lucie a fort bonne raison,
De n'auoir pas donné la main à la volée,
Il faut qu'elle ait esté du Ciel bien conseillée!
Et si son mariage on eut precipité,
Le gentil embarras où cela m'eut jotté!

Souffleté.

Quoy? ma fille eut passé pour la seconde femme
Du braue Dom Felix? peste soit de l'infame?
Il vouloit donc auoir, ( voyez la trahison,)
Vne femme à la ville, & l'autre à la maison.
Ah! ma fille, approchez, vostre fortune est belle,
Nous deuons au Seigneur vne belle chandelle,
Et pour remercier vostre Espoux pretendu,
Supplier le bon le Dieu, qu'il soit bien-tost pendu.
Vrayment il nous joüoit vn tour de galand homme!
Mais il deuoit auoir sa dispense de Rome.
Au reste gardés-vous de le plus regarder,
C'est vn esprit malin dont il se faut garder.

## SCENE III.

Lucie, D. Pedro.

#### Lucie.

Qv'aués vous donc, Mr, qui vous met en colere?

#### D. Pedro.

I'ay les ressentimens que doit auoir vn Pere,
Qui pense estre pourueu d'vn gendre homme de bien.

#### Lucie.

Quoy, nostre Dom Felix?

D. Pedro.

Dom Felix ne vaut rien,
Ie suis dont allé voir tantost sa Dorothée,
Que pour vous affronter il auoit apostée,
Elle a joüé son jeu comme il a desiré,
Et l'a joüé si bien, que mesme i'ay pleuré
Quand i'ay veu quelques pleurs couler sur son visage:
Enfin ie croirois bien que cette fille est sage,
Qu'entr'elle & Dom Felix il ne s'est rien passé,
Dont Dieu ny le prochain en puisse estre offensé;
Mais le drôle qu'il est, nous donnoit bien le change:
Escoutez ie vous prie vne malice étrange,
Comme ie reuenois de luy fort satisfait,
(Et i'en auois assez de sujet en effet,)
Certaine Dame en chaise, & la face voilée,
M'a dit en peu de mots, d'vne voix desolée;
Monsieur, on vous affronte, aussi bien comme moy;
Et Dom Felix ne peut, sans violer sa foy,
Contracter, moy viuante, vn second mariage;
Deux Enfans en pourront porter bon témoignage
Deuant l'Official, que ie veux implorer,
Elle s'est là dessus bien fort mise à pleurer;
Et moy d'autre costé bien fort mis en colere,
Le mal-heureux mestier, que d'estre Pere ou Mere!
Et qu'on est asseuré, quand on a des enfans,
De ne manquer iamais de soucis bien cuisans!
Or pour vous acheuer l'histoire commencée,
Cette inuisible, apres mainte larme versée,

## Souffleté. 67

Comme ie la quittois, laſſé de ſon caquet,
M'a mis entre les mains ie ne ſçay quel pacquet
De miſſiue d'amour.
### Lucie.
Quoy que ma ſœur en die,
Ie n'ay donc pas mal fait de m'eſtre refroidie,
Et d'auoir attendu la fin de ces bruits-là :
Elle dit que i'ay tort, mais c'eſt elle qui l'a,
D'auoir fait auec moy trop de la Sœur aiſnée,
Et d'auoir trop preſſé ce gentil Hymenée.
Le cœur me diſoit bien . . . .
*Alphonſe vient à l'étourdie.*
Monſieur, ie ſuis preſſé,
Mon Maiſtre n'a-t'il point tantoſt icy paſſé?
I'ay des Lettres pour luy de ſon Pere, & me ſemble
Qu'il vous eſcrit auſſi, mais i'ay tout mis enſemble,
Et ne puis débroüiller, ha bon, bon, la voila,
Ie reuiendray tantoſt pour la reſponſe.
### D. Pedro.
Hola,
Vous vous trompez amy, mais il ne peut m'entendre:
Iamais les eſtourdis ne font que ſe meſprendre :
Cette Lettre eſt de femme, & ſent bien ſon poulet.
Que i'eſpouſterois bien là deſſus vn valet !
Mais ie la veux garder, attendant qu'il reuienne,
Et ſans faire du bruit, luy demander la mienne.
### Lucie.
Ouurez-là, que ſçait-on?

D. Pedro.

Ouurons, ie le veux bien;
Cela nous peut seruir, & ne peut nuire à rien.

Lucie.

A qui s'adresse-t'elle?

D. Pedro.

A Dom Diegue mesme.

Lucie.

Sans doute elle sera de quelqu'vne qu'il aime.

D. Pedro.

Dom Diegue en cela suit l'ordre de la Cour;
On n'est pas Courtisan, quand on est sans amour;
Mais sans y recueillir, bien souuent on y seme;
Et sans y mettre à mal toutes celles qu'on aime,
Les sottes seulement fauorisent leurs vœux;
Mais les sages aussi se gardent fort bien d'eux:
Ils soûpirent souuent pour qui leur fait la mouë;
Et de plusieurs Beautez qu'ils coucheront en jouë,
Ils n'en blessent souuent pas vne, les meschans.
Cependant les maisons, les bois, les prez, les champs,
Se changent bien souuent en de vieux point de Genes:
Les affreux creanciers font sauter les Domaines;
Et puis ces beaux Messieurs protestent sur leur foy,
Qu'ils se sont ruinez au seruice du Roy.
Ie ferois là-dessus vne longue Satyre,
Mais les vieillards, dit-on, ne font rien que médire;
Ie ne ay donc plus rien; ça, lisons ce poulet,
Et le recacheterons, pour le rendre au valet.

Souffleté. 59

## LETTRE.

MOn cher Espoux,
Vous auez déja mis quinze iours en vn voyage,
pour lequel vous ne m'en auiez demandé que huit:
Cela me met en vne extréme peine : Et nostre petit
Ianot qui vous demande, & qui vous cherche depuis le matin iusques au soir, se desespere de ne
voir plus son Papa. Reuenez donc vistement, si
vous voulez le retreuuer en vie : & cessez par vostre absence, de faire mourir mille fois le iour vostre fidelle Dorothée.
   D. Pedro.

Quoy, bons Dieux ! Dorothée à Dom Diegue aussi !
Dorothée à Madrid, & Dorothée icy !
Et Dorothée en chambre, & Dorothée en chaise !
Et le petit Ianot, qui n'est pas à son aise,
Alors que son Papa n'est pas à la maison !
Et qui Diable feroit pareille trahison ?
Benisle soyez-vous, Lettre decachetée,
Par qui nous découurons nouuelle Dorothée !
Et benit soyez-vous, l'étourdy de valet,
Qui nous auez liuré ce bien-heureux poulet !
Par qui nous découurons, que l'vn & l'autre gendre,
N'est bon à marier, mais à rouer ou pendre.
   Lucie.
Mais mon Pere auez-vous bien leu?

D. Pedro.

Si t'ay bien leu.
J'ay leu mille fois mieux que ie n'aurois voulu.
Lucie.

Ce rencontre des noms est tout à fait bizarre,
Et faut que Dom Diegue ait l'ame bien auare,
Car Dom Felix pour moy peut auoir de l'amour;
Mais cét autre venu depuis peu de la Cour,
Qui n'a pas seulement veu ma Sœur en peinture,
Nous monstre bien qu'il est d'vne auare nature :
Il en vouloit sans doute au bien qu'elle a de plus ;
Aussi qui n'aymeroit cent mille beaux escus ?
D. Pedro.

Où Diable ont-ils trouué chacun leur Dorothée ?
Est-ce vn nom à la mode, où chose concertée,
Pour se mocquer de moy ? Mais bons Dieux les voila !
Qui ne se tromperoit à ces visages-là ?
Lucie tout bas.
Dieux ! faut-il que ie l'aime, & qu'il soit infidelle ?

SCENE

Souffleté.

## SCENE IV.

D. Pedro, Lucie, Helene, D. Diegue, D. Felix, Gillette.

D. Diegue, D. Felix, & Helene, paroissent sur le Theatre.

### D. Pedro.

Vrayment, mes beaux Seigneurs, vous me la
  baillez belle;
Et si Dieu n'eut fait voir quelles gens vous estiez,
Le gentil passe-temps que vous nous appresitez:
Vous, Seigneur D. Diegue, allez voir vostre femme,
La pauurette qu'elle est, sans cesse vous reclame,
Et le petit Ianot est pour ne viure pas,
Si vous ne retournez vistement sur vos pas.
Vous, Seigneur D. Felix, sçachez que Dorothée,
Deuant l'Official Requeste a presentée,
Et que deux beaux Enfans témoignent contre vous?
Vous mes Filles, venez, & me suiuez chez nous.

*Lucie faisant vne reuerence à D. Felix.*

Quand ie pourray seruir vostre Policamie,
Ce sera de bon cœur.

### Helene.

Ha, Gillette, m'amie,
Qu'est-ce qu'a donc mon Pere?

E

## Iodelet

**D. Pedro.**

       Il a iuſte raiſon
De remercier Dieu : rentrons dans la maiſon :
Rentrôs, diſie, & laiſſons, s'ils veulẽt ſe morfondre,
Ces beaux ieunes Seigneurs, que Dieu vueille confon-
 dre.      **D. Felix.**
Ie voudrois bien ſçauoir quelle mouche a piqué
Ce colere vieillard?

**D. Pedro.**

       Il s'eſt equiuoqué :
Car pourquoy me parler de voſtre Dorothée?

**D. Felix.**

Ie ſçay bien qui m'aura la charité preſtée.
Vn certain Dom Gaſpard qui fait le furieux,
Qui long-temps deuant moy luy faiſoit les doux yeux,
M'a ioüé quelque tour. Mais ſi ie ne m'en venge....
  *Gillette ſort du logis, & leur iette deux Lettres.*
*Rentrant chez Dom Pedro.*
Meſſieurs, voila des vers faits à voſtre loüange,
Liſez les à loiſir.

     **D. Diegue.**

       ah ! ma Gillette, vn mot.

     **Gillette.**

Allez plûtoſt reuoir Dorothee & Ianot.

     **D. Diegue.**

Dorothee & Ianot ! ma foy ie n'y vois goutte.

     **D. Felix.**
*Chacun ramaſſe vne Lettre.*
Peut-eſtre ces papiers nous tirerons du doute

Souffleté.

Où nous met les discours de Pedro d'Auila
Cette Lettre est pour vous.

D. Diegue.

Et de vous celle-là.

D. Felix.

Oüy, ie sçay bien l'auoir escrite à ma Lucie:
Ie veux voir auiourd'huy cette affaire esclaircie:
Il heurte à la porte.
Et m'y dût-on tuer, ie veux entrer chez eux.

Gillette ouurant la porte.

Ha, Messieurs, qui prenez des femmes deux à deux,
Que faites vous encor auprès de nostre porte?
Qu n'a que faire icy des gens de vostre sorte.

D. Felix, entrant chez D. Pedro.

Ie reuiens aussi-tost.

D. Diegue.

Ie vous attends icy.

## SCENE V.

Alphonse, D. Diegue.

Alphonse arriue auprès de son Maistre.

Et bien le stratageme a t'il bien reüssy?

### D. Diegue.

Ie n'en sçay rien encor.

### Alphonse.

Et le futur beau-pere?

### D. Diegue.

Il iure, Dom Felix enrage, & moy i'espere.

### Alphonse.

Et pourquoy. Dom Felix?

### D. Diegue.

Son cas aussi va mal,
Et ie n'ay plus sujet de craindre vn tel riual.
Il déplaist à Lucie, & moy tout au contraire,
I'ose bien deuant toy me vanter de luy plaire;
Car enfin mon amy, si tu veux tout sçauoir,
Sans qu'on en sçache rien, nous nous venons de voir.
Cette assignation d'elle-mesme est venuë,
Ie ne l'ay point par pleurs ny soûpirs obtenuë,
C'est vn tour raffiné d'amour & de bonté,
D'autant plus obligeant, qu'il ne m'a rien cousté.
Au reste si d'abord i'y treuuay tout aimable,
Elle s'est aujourd'huy fait voir toute adorable;
Et pourtant ce beau corps qui se fait adorer,
A son diuin Esprit ne se peut comparer.

### Alphonse.

Si vous vouliez, Monsieur finir cette Legende,
(Car vous estes en train de la faire bien grande,)
Il vaudroit mieux parler du tour que i'ay joüé,
Dont ie deuois, me semble, estre vn peu plus loüé.

## Souffleté.

Pouuoit-on mieux vser de cette fausse Lettre?
Ay-ie rien oublié de ce qu'il falloit mettre?
Le Vieillard a-t'il mal donné dans le panneau?
Et iamais aurez vous vn pretexte plus beau,
Pour rompre vostre nopce vn peu precipitée?

D. Diegue.

Comment t'es tu seruy du nom de Dorothée?

Alphonse.

I'ay pris le premier qui s'est offert à moy.

D. Diegue.

Treuueras-tu mauuais, si courant apres toy,
Pour rendre encore mieux la chose vray semblable,
D'injures & de coups....

Alphonse.

Cela n'est pas faisable.

D. Diegue.

Tu ne sçay pas encor?

Alphonse.

Ie vous entends fort bien,
Vous me voulez frapper, Monsieur.

D. Diegue.

Si peu que rien.

Alphonse.

Cela n'est point du tout necessaire à la chose;
Et vous pouuez rayer hardiment cette clause,
Qui ne passera point de mon consentement.

D. Diegue.

Alphonse, mon mignon, quatre coups seulement.

E 3

### Alphonse.

Ne frappez donc pas fort. Peste, que ie suis traistre!
Ou plustost vn grand sot, de tant aimer mon Maistre!
Gardez vous, (ou ma foy ie pourray m'eschapper,)
De vous laisser aller à l'ardeur de frapper.
Seruez-vous moins icy d'effets que de paroles:
Et sur tout n'vsez point sur moy de craquinoles:
Songez que vous allez frapper sur vn Chrestien:
Retenez bien le bras.

### D. Diegue.
Ah! mon Dieu, ne crains rien,

### Alphonse.
Et ne pretendez pas en rencontre semblable,
Rendre à force de coups vne chose croyable.

### D. Diegue.
Dieu, que de temps perdu!

### Alphonse.
Faut-il crier bien fort?

### D. Diegue.
Bien fort.

### Alphonse.
Hay, hay, hay, hay, à l'aide, ie suis mort.

### D. Diegue.
Ha traistre!

### Alphonse.
On m'assassine.

### D. Diegue.
Ha belistre!

## Souffleté.

#### Alphonse.
On m'assomme.

#### D. Diegue.
Ha bourreau de valet!

#### Alphonse.
Peste soit fait de l'homme.

#### D. Diegue.
Qu'as-tu donc?

#### Alphonse.
Ce que i'ay? vous frappez comme vn sour.

#### D. Diegue.
Mon Dieu, c'est que ie réue!

#### Alphonse.
Au Diable soit l'Amour.
A la force, au secours.

#### D. Diegue.
Tu mourras tout à l'heure?
Tu change donc ainsi mes Lettres? ah! ie meure,
Si ie ne te punis d'vne estrange façon.

E 4

## SCENE VI.

D. Pedro, Alphonse, D. Diegue,
Lucie.

### D. Pedro.

ET que vous a donc fait ce mal-heureux garçon?
#### Alphonse.
Hélas! ie n'ay rien fait que broüiller vne Lettre.
#### D. Diegue.
Ie perdray mon credit, ou ie te feray mettre
Bien-tost sur vne roüe.
#### Alphonse.
Vn homme ne craint rien,
Quand il est innocent.
#### D. Diegue, en s'en allant.
Ie te treuueray bien.
#### D. Pedro.
Il n'en faut plus douter, la chose est toute claire.
#### Alphonse.
Du moins si i'en auois receu quelque salaire,
Si i'auois seulement dequoy m'en retourner.
#### D. Pedro
Va, ne t'afflige point, ie t'en feray donner.

## Souffleté.

Parlant à D. Felix.
Et vous, que dires-vous de cét amy si braue?
Eussiez-vous crû qu'il fut du bien assez esclaue
Iodelet paroist sur le Theatre, & se cache en vn coin.
Pour faire vne action noire jusqu'à ce point.
Ie le perdray d'honneur.

### Lucie.
D'honneur? il n'en a point,
Et n'en aura iamais.

### D. Felix.
Ie ne vous puis que dire
Ie ne l'eusse pas crû.

### D. Pedro, en s'en allant.
Allons, allons en tirés
Le peril est passé, rentrons dans la maison.
Pour moy i'excuse tout, fors vne trahison.

### D. Felix.
Mais vous dites, Monsieur, qu'vn autre Dorothée,
(Il faut bien que ce soit quelque bonne effrontée,)
Vous a mis en la main la Lettre que ie tiens?
De laquelle il est vray, le caractere est mien;
Mais ie ne l'ay iamais écrite à pas-vne autre,
Qu'à Madame Lucie.

### Lucie.
Oüy, cette Lettre est nostre,
Et puis que Dom Diegue est vn traistre, vn trompeur,
Ie veux bien confesser qu'il regnoit en mon cœur;
Et que pour empescher mon prochain mariage,
I'ay fait la Dorothée, & fait ce personnage,

Auec vn tel succés, que mon Pere irrité,
Vous a, quoy qu'innocent, vn peu bien mal traitté.
La Lettre vient de vous, c'est moy qui l'ay donnée:
Mais que ne fait-on point, quand on est forcenée?
Ie confesse l'auoir esté pour ce trompeur,
Iusqu'au poinct d'hazarder ma vie & mon honeur:
Mais bien tost vn Conuent, où mon remors me voüe,
Vous doit venger assez d'vn crime que i'auoüe.
### D. Felix.
Tout le mal vient de moy, i'en demande pardon:
Ie suis indigne d'elle.
### D. Pedro.
Ah! vous estes trop bon.
Parlant à Lucie.
Et vous, vne autre fois soyez mieux conseillée,
Et profitez d'auoir esté si déreglée.
Pour moy, si i'ay mal fait, i'estois circonuenu:
Mais on guerit bien-tost, quand le mal est connu.

## SCENE VII.

### Iodelet seul.

TOY qui viens d'entrer là dedans,
 Qui bats les gens malgré leurs dents,
Et m'as frappé sans dire grace,
Sçais-tu ce que ie te prepare?

## Souffleté.

Ie te dis charitablement,
Si tu le sçais, que nullement
Tu n'aye à passer cette porte,
Car Monseigneur Sathan m'emporte :
Et ie le dis de sens rassis,
Si tu sors si ie ne t'occis.
I'enrage que ie ne t'étrangle,
Et i'enrage que ie ne sangle
Au trauers de ton chien de nez
Estramaçons bien assenez.
Au reste, tu me peux bien croire,
Ie suis tout seur de la victoire;
Car i'ay fait des prouisions
Pour semblables occasions.
I'ay contre toute emorragie
Pierre de fort grande energie.
Billet contre le coup fourré,
Coup dangereux, s'il n'est paré;
Tous les iours presque ie m'exerce
Et sur la quarte & sur la tierce;
Et prends en mesme temps leçon
Pour & contre l'estramaçon;
Ie suis bien seur dans la pacade;
I'ay fait forger une salade
A l'épreuue du fauconneau,
Dont ie doubleray mon chapeau,
A l'heure mesme on m'accommode,
(Et peut estre en viendra la mode,

Vne cuirasse à mon pourpoint,
Qui ne paroistra du tout point.
Ce suis nanty d'vne rondache
A l'espreuue du coup de hache;
Et quand à darder le poignard,
I'en fais tout ainsi que d'vn dard.
D'abord que nous serons en garde,
Mon espee au corps ie luy darde;
Ie le saisis, & puis aprés,
D'vn croc en iambe appris exprés,
Ie le renuerseray sur l'herbe:
Où, comme vn fleau fait la gerbe,
Ie pretends battre sur sa peau,
Iusqu'à tant que i'en sois en eau.
Cartels par tout i'ay beau respandre,
Il fait semblant de ne m'entendre.
Cependant il en a receu,
Ce n'est pas que ie l'aye sçeu:
Mais en ayant fait plus de mille,
Que i'ay semez parmi la Ville,
Il faut bien qu'il en soit venu
Quelqu'vn à ce begue cornu.
Ie pensois, ô noble Assistance,
Vous regaler de quelque Stance,
Car l'Autheur m'en auoit promis:
Mais dans nostre Roolle il n'a mis
Que quelques Vers faits à la haste:
Bien souuent le papier il gaste,

Souffleté.

Et ne fait que des Vers rampans,
Au lieu d'en faire de prinpans.
Mais i'aperçois mõ maistre, il faut que ie vous quite,
Peut-estre vous rendray-ie encor vne visite.

## SCENE VIII.

D. Felix, Iodelet.

#### D. Felix.

Vous auez donc querelle, à ce que l'on m'a dit.

#### Iodelet.

Moy, querelle?

#### D. Felix.

Oüy, vous.

#### Iodelet.

Mon Dieu comme on médit!
Asseurément, Monsieur, ie n'ay point eu querelle,
Oüy bien vn beau soufflet.

#### D. Felix.

La difference est belle!
Et qui vous l'a donné?

#### Iodelet.

Ce n'est qu'vn Fanfaron,
Cet Alphonse qui sert Dom Diegue Guyon,

#### D. Felix.
Ie veux abſolument qu'on ſe vange, ou qu'on ſorte
#### Iodelet.
I'eſpere m'en venger, & de la bonne ſorte.
#### D. Felix.
Et vous l'a-t'il donné bien fort?
#### Iodelet. Couſsi, couſsi.
#### D. Felix.
Et comment a-t'il fait?
#### Iodelet, luy donnant vn ſoufflet.
Ma foy, Monſieur, ainſi.
#### D. Felix.
Si ie prens vn baſton.
#### Iodelet.
Le recit veritable.
Ne ſe peut faire mieux, que par vn coup ſemblable.
#### D. Felix.
Vos libertez enfin vous feront mal traitter.
#### Iodelet.
Monſieur, vous ſçauez bien que ie ne puis flatter.
#### D. Felix.
Iodelet, on m'a fait vne piece faſcheuſe:
Il faut aſſeurément que quelque ame enuieuſe
Ait fait, pour me priuer de l'obiet de mes vœux,
Courir des bruits de moy tres deſ-auantageux.
#### Iodelet.
Ie vous l'ay touſiours dit, voſtre façon de viure,
Tres-bonne à deteſter, & tres-mauuaiſe à ſuiure,
Vous doit perdre à la fin.

Souffleté.

D. Felix.

Ah! ie le connois bien.

Iodelet.

Il redit les vers qui sont au commencement.
Voy-tu i'ayme par tout, & si ie n'ayme rien:
Et ie me ris souuent, tres-maistre de moy-mesme,
Et de celle qui me hait, & de celle qui m'aime:
Ie prends plaisir à faire enrager des riuaux.

D. Felix.

Qu'est-ce que tu dis là?

Iodelet.

Certains discours moraux,
Que i'ay souuent l'honneur de vous entendre dire.

D. Felix.

Ah! mon Dieu, Iodelet, il n'est pas temps de rire.
Ie ne veux plus songer qu'à finir ces bruits là,
Et me iustifier a Pedro d'Auila:
Ie suis las d'en auoir la teste inquietée:
Vien, ie veux t'enuoyer parler à Dorothée.
Dom Diegue m'a fait vn tour d'homme sans foy,
Mais il s'est faict du mal autant & plus qu'à moy:
Ie l'estime perdu dans l'esprit de Lucie:
D'estre mal dans le sien, fort peu ie me soucie.

Iodelet.

I'ay mesme sentiment pour son chien de valet:
Mais ie luy feray voir quel homme est Iodelet:
Mais ie luy feray voir auquel homme il se iouë,
Et si ie suis de ceux que l'on frappe à la iouë.

## Fin du Quatriéme Acte.

# ACTE V.
## SCENE I.

*Iodelet en chaussons, & prest à se battre.*

Ovy tout homme vaillant, doit estre pitoyable;
Et i'ay pitié de toy, souffleteur miserable;
Puis que pour le soufflet que tu m'as apliqué,
Tu dois estre de moy mortellement piqué.
C'est la premiere fois qu'il m'auoit, que ie sçache,
L'impertinent qu'il est, donné sur la moustache;
De la façon pourtant qu'il s'en est acquitté,
Ie le tiens en cela tres-experimenté.
Ie croy que de sa vie il n'a fait autre chose;
Et nonobstant les maux que telle action cause,
Tout pauure que ie suis, ie luy donnerois bien,
Pour souffleter ainsi, la moitié de mon bien.
Mais n'est-ce pas à l'homme vne grande sottise,
De s'aller battre armé de la seule chemise,

## Soufflété

Si tant d'endroits en nous peuuent estre percez,
Par où l'on peut aller parmy les Trépassez ?
Ce moindre coup au Cœur, est une seure voye
Pour aller chez les Morts : il est ainsi du Foye ;
Le Roignon n'est pas sain, quand il est entr'ouuert;
Le Poulmon n'a vit point, quand il est découuert :
Vn Arterre coudé, Dieux ! ce penser me tuë,
J'aimerois bien autant boire de la Siguë;
Vn œil creué, mon Dieu ! que veu-je faire icy?
Que ie suis un franc sur, de m'hazarder ainsi?
Je n'aime point la Mort, parce qu'elle est camuse,
Et sans considerer qui la veut ou refuse,
L'indiscrete qu'elle est, grippe, voussi ou non,
Pauure, riche, poltron, vaillant, mauuais & bon.
Mais ie suis trop auant pour reculer arriere ;
C'est à faire en tout cas à rendre la Rapiere.
Doncque bien loin de moy la peur & ses glaçons,
Ie veux estre de ceux qu'on dit mauuais garçons.
Mon Cartel est receu, ie n'en fais point de doute ;
Mon homme ne vient point, peut-estre il me redoute.
Helas ! plaise au Seigneur, qu'il soit sot à tel poinct,
Qu'il me tienne mauuais, & ne se batte point !
Mais les raisonnemens sont tout à fait friuoles,
Où l'on a plus besoin d'effets que de paroles.
Animons nostre cœur un peu trop retenu?
C'a ie pose le cas que mon homme est venu;
Nous auons dédaigné, nous sommes en presence,
Tâchons de luy donner au milieu de la pance.

F

Bon pied, bon œil, & flifc & flac: tien, c'eſt pour toy,
Zeſt. ı'ay paré ton coup ; courage, il eſt à moy:
Tu recule poltron ? paré cette venuë ?
Plus, plus bas coquin ? t'ay deffendu ta veuë;
Hay hay, t'ay l'œil crené : non, ie me ſuis trompé,
La peſte, le grand coup dont ie ſuis échappé ;
Mais tu me payeras la peur que tu m'as faite.
Il faut reciter ces vers là viſte, auec toute la viſteſſe d'vn hom-
me qui ſe bat.
Bon, ce coup là ſans doute à percé ſa jacquette ;
Bon, le voila perdu, bon, me voila ſauué,
Car de ce dernier coup ſon œil droict eſt creué,
mais il en faut auoir l'vne & l'autre prunelle.
Que feray-je ſans yeux ? Tu prendras vne vielle.
Ah ! pardon Iodelet : Non, non, il faut mourir:
Ah : de grace pardon : meurs, ſans plus diſcourir.

## SCENE II.

Alphonſe, Iodelet.

*Alphonſe ſurprend Iodelet.*

ET bien le Fanfaron, qui voulez-vous qui meure ?
    Iodelet tout bas.
Que cét homme maudit ſuruient à la mal-heure !
Ce n'eſt rien ?
            Alphonſe.
Ce n'eſt rien ? Par la mort.

## Souffleté. 79

*Iodelet.*

Ha tout beau.

Ce n'est rien.

*Alphonse.*

Pour quoy donc l'espée hors du fourreau?

*Iodelet.*

Ma foy ie recitois des vers de Comedie.

*Alphonse.*

Ah! c'est trop lanterner, ie veux qu'on me le die,
Contre qui s'est battu le grand fou que ie voy?

*Iodelet.*

Contre vn qui s'est battu vaillamment, sur ma foy,
J'estime la valeur en mon ennemy mesme.

*Alphonse.*

Vous a-t'il point blessé? que vous estes si blesme.
Suiuant vostre Cartel que i'ay tantost receu,
Ie viens vous contenter.

*Iodelet.*

Quelqu'vn vous a deceu,
Ie n'écriuis iamais de ma vie, ou ie meure,
Puis ie ne me bas pas deux fois en vn quart d'heure.

*Alphonse.*

Qu'on lise ce Cartel?

*Iodelet.*

Ouy da ie le liray,
Puis apres, s'il vous plaist, Monsieur, ie m'en iray.

### CARTEL.

Qvelques médisans disent que vous m'auez donné vn soufflet : ie ne puis croire cela de vostre courtoisie : Mais le moyen de faire taire le peuple, si ce n'est que vostre Seigneurie luy ferme la bouche de sa main liberale, comme on dit qu'elle a fermé la mienne? Mon Maistre m'a dit, qu'il faut pour mon honneur que ie vous donne des coups de baston, ou que i'aye de vostre sang. Ie ne songe pas à vous en donner, parce que i'y treuue quelque difficulté : Et encor qu'à vo' tirer du sang, & vous attirer à la campagne, ie treuue aussi quelque chose qui me choque. Ie supplie pourtant vostre Seigneurie de se treuuer vers le soir à la grande Place & de pardonner la peine que luy donne son humble seruiteur,       IODELET.

Alphonse.
*Et bien que dites-vous de ce braue Cartel?*
Iodelet.
*Que benit soit de Dieu, celuy qui l'a fait tel.*
Aphonse.
*Il n'est donc pas de vous?* Iodelet.
*A! vous pouuez bien croire,*
*Que ie n'ay pas pour vous d'intention si noire.*
Alphonse.
*I'ay quelque affaire ailleurs : & si ie n'en auois,*
*Ie m'acquitterois mieux de ce que ie vous dois :*
*Ie croy m'en acquitter vn iour en galand homme.*
Il le bat, & s'en va.
*Receuez cependant cette petite somme,*
*De naz ardes souffless, coup de pied & de poin.*

Soufflecé.
*Iodelet.*
I'eusse bien attendu, ie n'en ay pas besoin,
Enfin, nous auons donc la Dague dégainée,
Et nous sommes treuuez en campagne assignée.
Si ie ne l'eusse fait, qu'est-ce qu'eut dit de moy
Ce Drôle, il en eut fait cent pieces, sur ma foy.
O qu'il est important d'auoir bien du courage!
Et que ie me vay plaire à faire du carnage!
Ie m'en vay deuenir vn vray Couppe-iarret;
On ne me verra plus à la main qu'vn fleuret.
Mais i'aperçoy quelqu'vn, i'ay peur qu'on ne me
  voye.

## SCENE III.

### D. Felix, Alphonse, D. Pedro.

*D. Felix.*

Faut-il qu'vn tel malheur vienne troubler ma
  ioye?

*D. Pedro.*
Elle est ieune, Monsieur, & ce ne sera rien;
I'en ay souuent autant, & ie m'en gueris bien.

*D. Felix.*
Voyons ainsi souffrir ma Deyté visible,
Si ie ne m'affligeois, ie serois insensible.

*D. Pedro.*
Ne vous affligez point, ie vous dis tout de bon.

## Iodelet

Et foy d'homme d'honneur, que tantost sourde ou non,
Que sa douleur augmente, ou bien qu'elle finisse,
Ie veux absolument que l'Hymen s'accomplisse :
Et d'inclination aussi bien que d'honneur,
Ie m'y treuue engagé.

### D. Felix.

Helas ! tout mon bon-heur
Despend de son amour, mon mal-heur de sa haine :
C'est m'esleuer au Carrosse au sortir de la chaisne.
**D. Ped.** parlant à Alph qui paroist sur le Theatre.
Vous voila donc encor, ie vous croyois party.

### Alphonse.

Ie m'en vais à la Cour chercher quelque party :
Mais vn de mes amis à demeurer m'engage,
En me faisant treuuer vn Mulet de loüage.

### D. Pedro.

Et le bon Dom Diegue est-il encor icy?
Est il allé tirer sa femme de soucy?

### Alphonse.

Il est party tantost : & i'apporte vne Lettre,
Qu'en passant par la Poste on me vient de remettre,
Elle s'addresse à vous : vous la verrez, Monsieur.
Ne commandez vous rien à vostre seruiteur.

### D. Pedro.

Amy, Dieu te conduise, & te donne vn bon Maistre.
Or ça, voyons vn peu la Lettre de ce traistre,
De ce faux Dom Diegue : ô l'insigne imposteur !
Et que n'auroit trompé se visage menteur ?

## Souffleté.

### LETTRE.

MOn cher Espoux, Sçachant que D. Felix de Fonseque est vostre amy, Ie vous écris à la hâte qu'on a executé icy des faux monnoyeurs, qui l'ont accusé d'estre leur complice. Auertissez-le qu'vn Exempt est party auec ordre de le prendre en quelque lieu qu'il soit, & reuenez voir prôptement vostre fidelle. DOROTHEE.

### D. Pedro.

Et quoy? vous trauaillez en moderne Medaille?
Vrayment ie fait grãd cas d'vn homme qui trauaille,
Multiplier ainsi les armes de son Roy,
C'est pour estre bien-tost dans quelque bon employ.

### D. Felix.

Que me dites-vous là? ie n'y puis rien comprendre.

### D. Pedro.

Lisez, lisez, monsieur, autre fourbe de gendre.
Cependant que D. Felix lit la lettre.
Ma foy i'estois pourueu de Gendre richement,
Le bon Dieu nous assiste, & bien visiblement,
Et ces deux Lettres sont vn fort bon tesmoignage,
Qu'il a ietté les yeux sur mon petit ménage.

### D. Felix.

Monsieur, ie veux sçauoir d'où cette Lettre vient?
Et l'on me fait grand tort, monsieur, qu'on ne retient
Le fourbe qui vous vient d'apporter cette Lettre.

### D. Pedro.

Vrayment, il est bien loin.

F 4

Iodelet

D. Felix.
Ie le veux faire mettre
Au fonds d'vne prison, tant qu'il ait confessé,
Qui m'a si méchamment en l'honneur offensé.
D. Pedro.
Que veut ce Caualier?

## SCENE IV.

D. Iuan, D. Pedro, D. Felix,
Helene, Gillette.

D. Iuan.

Messieurs, c'est auec peine,
(Mais il faut obeyr à la Loy souueraine)
Que ie viens arrester par ordre de la Cour
Le Seigneur Dom Felix, par force, ou par amour.
D. Felix.
Par force, ou par amour? ny par l'vn ny par l'autre;
Vous aurez de mon sang, ou bien i'auray du vostre.
D. Iuan.
N'obeyr pas au Roy, c'est se perdre à credit;
Ie vous prens à témoin, Messieurs.
D. Felix.
C'est fort bien dit;
Ie defens mon honneur, toy defens bien ta vie.

Soufflété.
#### D. Pedro.
J'ay bien peur que l'Hymen deuienne Tragedie,
Je veux aller apres.

#### Helene.
Mon Pere, qu'est-cecy?

#### D. Pedro.
J'y vais voir.

#### Helene.
Beatris suy moy, i'y vais aussi.

#### Gillette.
Et moy ie vais conter à Madame Lucie
Tout ce brouillaminis.

## SCENE V.
### D. Diegue, Alphonse.

#### D. Diegue.
Ovy, cela me soucie;
Et si ce stratageme est par eux éuenté,
Je ne me vis iamais à telle extremité.

#### Alphonse.
Monsieur, tout ira bien.

#### D. Diegue.
Frappe vis à la porte
Et tasche d'obtenir que i'entre, ce qu'elle sorte

*Alphonse entre.*
Il faut qu'iceluy parle, à quel prix que ce soit.
O Dieu ! les rudes coups que mon ame reçoit !
Ie dois aujourd'huy perdre ou gagner ma Maiſtreſſe :
Nous venons de tenter le dernier coup d'adreſſe,
Et ſi ce coup me manque à quoy plus recourir,
Aymant comme ie fais, ſi ce n'eſt à mourir ?
Mais mon Ange paroiſt vn ſi charmant viſage.
Ne peut eſtre iamais qu'vn bien-heureux preſage :
Alphonſe l'entretient du beau tour qu'il a fait :
Il faut luy donner temps de l'apprendre.

## SCENE VI.

Lucie, Alphonſe, D. Diegue.

*Lucie.*

EN effet.
Il me fait grand pitié. Dans la Villle ou nous ſommes
On ne treuuera pas deux ſi dangereux hommes,
Que voſtre maiſtre & vous.
*Alphonſe.*
Vous l'eſtes plus que nous :
Car nous ne faiſons rien, que pour l'amour de vous.
*Lucie.*
Et cette Lettre eſtoit encor de Dorothée ?
*Alphonſe.*
Et de mes meſmes mains écrite & preſentée.

## Souffleté.

Enfin donc noſtre Exempt hardy comme vn Lyon,
Eſt entré, Dom Felix a fait rebellion:
L'xempt apres ſon coup a regagné la ruë
Dom Felix furieux comme vn cheual qui ruë,
L'a ſuiuy chamaillant, noſtre Exempt s'eſt ſauué,
Qui ſera bien cherché, deuant qu'eſtre treuué.

### Lucie.
O Dieu! qu'on va parler de moy d'eſtrange ſorte!
Mais ſi noſtre deſſein reüſſit, que m'importe?

### D. Diegue.
Ah! mon Ange, eſt-ce vous qui venez m'éclairer?
Que dois-je deuenir? dois-je encore eſperer?

### Lucie.
Voſtre peine eſt petite, à l'égal de la mienne;
Ie ſçay bien moins que vous ce qu'il faut que deuiēne
Vne Fille inſenſée, & qui fait tant pour vous,
Qu'elle trahit vn Pere, vne Sœur, vn Eſpoux.

### D. Diegue.
Apres tant de bonté, tout ce que ie puis faire,
C'eſt de vous adorer, mon bel Ange, & me taire.

### Lucie.
Enfin vous dépendans de l'amour & du ſort,
Serez vous à ma Sœur?

### D. Diegue.
    Ah! plutoſt la mort.

### Lucie.
Seray-je à Dom Felix?

### D. Diegue.

Tant que i'auray de vie,
Vous ne me serez point par vn mortel rauie.

### Lucie.

Et moy ie vous promets, si ie ne suis à vous,
Qu'aucun homme viuant ne sera mon Espoux;
Car enfin Dom Diegue, il est vray, ie vous aime
Si vous m'aimez bien fort, ie vous aime de mesme:
Ie deurois témoigner plus de confusion,
En vous faisant icy cette confession,
Que vous pouuez trouuer estrange en vne Fille;
Mais lors qu'à quelque sorte vn hôme de Cour brille,
C'est auec tel effet, & si cruellement,
Que la pauurette en perd souuent le iugement.
I'en suis, ô Dom Diegue, vn assez bel exemple,
Puis que ie feins d'auoir les douleurs dans la temple,
D'estre tout à fait sourde, & qu'ô me croit chez nous
Vne folle, & cela tout pour l'amour de vous.

### D. Diegue.

Dieu! comment raillez vous, ayant encor à craindre?
Mais quels sont donc ces maux que vous venez de
feindre?

### Lucie.

I'ay contrefait la sourde auec vn tel effet,
Que i'en ay recule mon Hymen trop tost fait:
Mais ie n'y voy plus goutte en ce peril extréme;
Et ma Sœur qui me hait autant qu'elle vous aime,
Dit que mon mal de teste est vn mal inuenté,
Et que mon plus grand mal est ma meschanceté,

Mon Pere qui ne sçait à qui croire, en enrage:
Dom Felix qui me croit bien malade, fait rage:
De plaindre son mal'heur, d'une mourante voix,
Ie me verrois d'eux tous tout mon saoul, si i'osois:
Mais nous sommes encor assez loin du rivage,
Pour respecter les vents, & craindre le naufrage.

### D. Diegue.

Nous gagnerons le port, si nous auons du cœur,
Des perils les plus grands, le courage est vainqueur:
On vient à bout de tout, alors qu'on s'euertuë.
Qui tremble, est le premier le plus souuent qu'on tuë.

### Lucie.

Et bien qu'inferez-vous des ces prouerbes-là?

### D. Diegue.

Qu'il faut ou découurir à Pedro d'Auila,
Que nous nous entr'aymons, ou bien sans qu'il le sçache,
Et sans considerer s'il l'agrée, ou s'en fâche,
Que tout presentement vous me donniez la main,
Et que ie vous enleue à ce soir ou demain.

### Lucie.

*Elle luy donne la main.*
Vous estes importun: Tenez ie vous la donne:
Et quand à m'enleuer, faites, ie m'abandonne:
Ie n'ay plus rien sur moy, ie vous ay tout donné.

### D. Diegue.

Ce iour cy de mes iours est le plus fortuné!

### Gillette.

Et mon Dieu songez bien à faire bonne mine,
Le bon homme reuient.

Lucie.

S'il euente la mine,
Nous n'auons qu'à monter à cheual cette nuit,
Et nous sauuer sans craindre. & sans faire du bruit
Gillette vient m'aider a faire le malade.

## SCENE VIII.

D. Pedro, D. Diegue, D. Iuan, Lucie,
Beatris, Helene, Gillette.

D. Pedro.

Ie ne me trompe point, quand ie me persuade
Que l'Exempt est vn fourbe, & Dom Felix aussi
Puis que tous ses desseins ont fort mal reüssi :
Dieu permet quelque fois que le meschant prospere,
Mais augmente toûjours la peine qu'il disire.
Ho ho, que faites-vous icy dans ma maison ?
Y venez-vous brasser nouuelle trahison ?

D. Diegue.

Ie vous diray, monsieur, le sujet qui m'ameine.
Sçachant que Dom Felix se treuuoit bien en peine ;
Ie reuiens pour seruir mon amy, si ie puis,
Et pour me faire voir à tous tel que ie suis.
Oüy, si vous m'écoutez comme Iuge equitable,
Vous ne me croirez plus de trahison capable :
Mais vn pauure Amoureux, qui n'a rien tant à cœur,

# Souffleté.

Que se voir vostre Gendre, & vostre seruiteur.

### D. Pedro.

Mon gendre? & que diroit madame Dorothée?

### D. Diegue.

A lors qu'on vous aura la chose bien contée,
Et que vous verrez clair dans mon intention,
Le pouuoir qu'à sur nous nostre inclination,
Asseurément, monsieur, sera toute ma faute.
Mais deuant dites-moy nouuelles de mon hoste,
I'en suis inquieté, car on m'a dit, monsieur,
Qu'il estoit accusé d'estre faux monnoyeur,
Et deuant qu'il ait pû se sauuer par la fuitte,
Qu'vn Exempt est venu sans Archers ny sans suitte
L'arrester.

### D. Diegue.

En cela ie voy ie ne sçay quoy
Qui sent beaucoup la fourbe, & peu l'ordre du Roy.
Quand il est question de faire la capture
D'vn homme atteint d'vn cas de pareille nature,
Les Exempts ne vont point s'ils ne sont bien suiuis.
Et ce qui me confirme encor, en mon auis,
C'est que ce maistre Exempt, apres la chose faite,
A tres-habilement délogé sans trompette,
Tandis que Dom Felix estoit embarassé
Dans la foule du peuple à l'eniour amassé.
Là dessus vn certain Dom Gaspard de Padille,
Qui fait depuis long temps les yeux doux à ma Fille,
Le raille hors de saison: Dom Felix à l'instant

Met la main à l'espée, & l'autre en fait autant:
Le blesse dans vn bras, luy fait choir son espée,
Et luy met à ses pieds vne oreille coupée:
Dom Felix tout sanglant tombé sur le paué:
Dom Gaspard à l'instant s'est vistement sauué.
Mais ce n'est pas encor sa derniere infortune,
Le Ciel sur le meschant n'en verse pas pour vne,
Vn Archer du Preuost le regardant de prés,
(En vertu d'vn decret qu'il m'a fait voir aprés)
Le saisit au collet: c'estoit sa Dorothée,
Qu'il croyoit par argent auoir bien contentée:
Et qu'vn Oncle depuis jaloux de son honneur,
Auoit fait reuolter contre ce suborneur.
Tout cecy s'est passé comme vn vray feu de paille:
Vn moment a veu naistre & finir la bataille:
Dom Felix est tombé dans tous ces accidens,
En vn demiquart d'heure, & mesme en moins de tẽps.

D. Diegue.

Il est donc en prison?

D. Pedro.

Et de si bonne sorte,
Qu'il faudra qu'il l'épouse auparauant qu'il sorte:
Et a bonne promesse, outre deux beaux enfans,
Dont le pus vieil, dit on n'a pas plus de deux ans.
D. Iuan de Solis paroist.
Mais c'est là nostre Exempt, ou bien ie n'y vois goute:
Puis qu'il vous kit au nez, ie ne suis plus en à mie,
Qu'en ce que Dom Felix a souffert auiourd'huy.

Vous

## Souffleté.

Vous n'ayez pour le moins autant de part que luy.

### D. Diegue.

Monsieur, il n'est plus temps de vous cacher la chose
Du mal qu'a Dom Felix, vous seul estes la cause.

### D. Pedro.

Moy la cause?

### D. Diegue.

Oüy vous, mais fort innocemment,
Au lieu que Dom Felix souffre bien iustement.
Car en fin Dom Felix est fourbe tres insigne,
Et de vostre alliance vn homme tres-indigne.
Quand vous serez instruit de ses déportemens,
Vous me direz à lors s'il est vray que ie ments?
Et me confesserés, qu'épousant vostre Fille,
Il estoit pour troubler toute vostre famille
Et c'est ce qui m'a fait, ie le confesse bien,
Rompre son mariage & reculer le mien.
Ne me parlés donc plus ny de la Dorothée,
Ny du petit Ianot cette Histoire inuentée?
Et l'vne & l'autre Lettre est vne inuention
Qui vous doit faire voir ma bonne intention,
Bien moins que les desseins interessez d'vn traistre,
Comme on a crû les miens, deuant que les connoistre,
Et receuès, Monsieur, pour ce Gendre perdu,
Dom Iuan de Solis, qui s'est icy rendu,
Afin de vous offrir son humble obeyssance,
Et receuoir l'honneur d'estre en vostre alliance.
Le titre de Marquis l'honore comme moy;

Et le nom de Solis est si connu de soy,
Qu'en vertu de ce nom tout seul il peut pretendre
Aux plus riches partis.

### D. Pedro.
Refuser vn tel Gendre,
Et d'accepter aussi sans y bien regarder,
C'est acheuer bien tost, mais c'est bien hazarder.

### D. Diegue.
L'on peut gagner Madrid en petites iournées,
Où l'on peut aisement finir nos Himenées
Chez le Marquis mõ pere, encor mieux que chez vous
Puis que la vous pourrez vous informer de nous.

### D. Pedro.
Ce n'est pas mal parlé.

### Dom Iuan.
Le bon-heur ou t'aspire,
( Que ie prefererois à l'honneur d'vn Empire )
Est vn bien d'vn tel prix qu'on ne le doit donner
A ceux que l'on n'a pas le temps d'examiner.

### D. Pedro.
Il ne reste donc plus qu'à guerir ma Lucie ;
Vrayment son accident tout de bon me soucie.

### Dom Iuan.
Qu'a t'elle donc ?

### D. Pedro.
Elle est sourde depuis hier
Si fort qu'en luy parlant il faut tousiours crier.

Souffleté.
#### Dom Iuan.
Le Ciel en luy donnant les qualitez d'vn Ange,
Comment l'a-t'il soûmise à ce malheur estrange?
Et comment pense-t'il que sans impieté
On puisse voir souffrir vne telle Beauté?
#### D. Pedro.
N'irritons point le Ciel, qu'il ne nous en punisse:
Ma fille guerira, s'il faut qu'elle guerisse.
*Haussant la voix.*
Et bien que dites-vous de ce nouuel Espoux?
*Lucie faisant semblant de ne l'entendre.*
Il n'est pas à propos de me tâter le poux,
Bon si i'auois la fiévre.
#### D. Pedro.
Elle est tout à fait sourde.
#### Lucie.
Ie sens certaine humeur aussi froide que lourde
Qui me tombe en l'oreille, auec mille douleurs.
#### D. Pedro.
Ie suis pere, excusez si ie verse des pleurs.
*Haussant la voix.*
Ma Fille?
*Lucie faisant vn cry perçant, qui fait tressaillir tout le monde.* Haye, haye, haye, haye.
#### D. Pedro.
Peste, comme elle crie,
I'en ay tout tressailly.
#### Lucie.
Moins de bruit, ie vous prie:

G ij

Je ressens dans l'oreille vn si cruel tourment,
Que ie ne pense pas pouuoir viure vn moment.
### Beatris.
Vous dormez bien souuent la teste découuerte,
Et vous plaisez d'auoir quelque fenestre ouuerte.
C'est d'où vient vostre mal.
### Gillette.
Beatris a raison,
Mais ie sçait pour son mal vne belle Oraison :
Elle vient d'vn cousin qui fut homme d'Eglise,
En fit part à ma mere, elle qui sçauoit tout,
En me la recitant souuent de bout en bout,
Me la fit à la fin entrer dans la memoire ;
Mais il faudra ieusner sans manger & sans boire
Le iour qu'on l'a dira, puis cacher dans son lict
Quatre brins de fougere.
### D. Pedro.
Et bien as-tu tout dit ?
Si ie prens vn baston Madame l'idiotte,
Lucie en sousrit, & se cache d'vn linge.
Ie te feray bien taire ; au Diable soit la sotte.
I'en aurois pourtant vû dans vne autre saison.
### Helene.
Vous en virez ma sœur, sans doute l'Oraison
Aura fait son effect.
### Lucie.
Mon Dieu venés-moy prendre,
I'entre en conuulsion.

Souffleté.     97

Helene.
                    Ce qu'elle veut entendre,
Elle l'entend for bien; & vous l'allez bien voir,
Ma sœur, mon mariage est en vostre pouuoir;
Mon Pere ne veut pas qu'on fasse l'vn sans l'autre,
Pour acheuer le mien, consentez donc au vostre.
Haussant la voix.
Ne m'entendez-vous pas?

            Lucie.
                    C'est pour auoir esté
Tous les iours au serain, tant qu'a duré l'Esté.

            Helene.
Ie ne dis pas cela?

            Lucie.
                    Que faut-il que ie fasse?

            Helene.
Ce braue Caualier se presente en la place
Du meschant Dom Felix, donnez luy donc la main?

            D. Pedro.
Il est plein de merite.

            D. Diegue.
                    Et mon cousin germain.

            Lucie.
Hay hay, ie n'en puis plus, ma douleur se réueille;
Tous les élancemens que ie sens dans l'oreille
Se viennent d'augmenter.

            Helene.
                    Ma Sœur, guerissez-vous,

Mon Pere le veut bien, vous aurez pour Espoux
Le Seigneur Dom Diegue.
### Lucie.
En verité.
### Helene.
Moy-mesme
Ie vous le cederay, car ie sçay qu'il vous aime.
### Lucie.
Vous me le cederez.
### Helene.
Ouy ie vous le promets.
### Lucie.
Ie ne suis donc plus sourde, & ne fus iamais.
### D. Pedro.
Dieu soit loüé, la fourbe est enfin découuerte.
### Helene.
Et bien ne suis-ie pas à guerir tres-experte?
### D. Diegue se mettant à genoux auec Lucie.
Vous pouuez bien, môsieur, nous rendre mal'heureux:
Mais vous pouuez aussi par vn trait genereux
Suspendre les effets d'vne iuste colere,
En faueur des bontez que doit auoir vn Pere.
Ie n'aime que Lucie, elle n'aime que moy:
Nous nous sommes donnez l'vn & l'autre la foy:
Et nous sommes, monsieur, si bien vnis ensemble,
Qu'on nous fera mourir, si on nous desassemble.
### Lucie.
Pour moy, si ie n'obtiens l'espoux que ie pretens,

## Souffleté.

Ie redeuiendray sourde, & sourde pour long temps.
### Helene.
Mon pere, voulez-vous que l'affront m'en demeure?
### Lucie.
Mon Pere voulez-vous à l'instaut que ie meure?
### D. Pedro.
Vous me causez icy d'étranges passions,
Mais pourtant ie defere aux inclinations;
Puis qu'il aime Lucie au mépris de l'aisnée,
Il faut bien que le Ciel ait la chose ordonnée
Et qui la passion qui le moins me reuient,
Si auarice s'entend, n'est pas ce qui le tient.
### D. Diegue.
Receuant mon Cousin, Mademoiselle Helene
Gagne aussi bien que luy, car outre que sa haine
M'est iustement acquise, ayant si mal ysé
Du bien qu'elle m'offroit, & que i'ay refusé,
En richesse, en credit en esprit, & courage,
Ie confesse qu'il a sur moy grand auantage.
### Helene.
Monsieur est tres aimable, & ie vous croy bien,
Mais vous paroißtez tel, & vous ne veilliez rien.
### Dom Iuan.
Ne m'attribuez rien digne de cette belle,
Qu'vn amour violent dont ie me brûle pour elle.
### D. Pedro.
Ie passerois pourtant pour vn sot bien aisé,
Si ie m'adoucissois, estant si méprisé.

Dois-je donc châtier sa desobëissance?
Ou dois-je deferer à l'humaine impuissance?
### Lucie.
Ah! mon Pere, pardon.
### D. Diegue.
Prenés pitié de nous,
De deux pauures Amants qui sont à vos genoux.
### D. Iuan.
Ne m'accusez-vous point d'esperance trop vaine,
De demander leur grace, & vostre fille Helene.
### D. Pedro.
Et bien que dites vous ma fille, la dessus?
### Helene.
Deuant vous ie n'ay point de choix ny de refus?
I'espere que ma sœur, & son cher infidelle
Me vengeront l'un l'autre, elle de luy, luy d'elle:
Et ie pense, acceptant le party presenté,
Que ie reçoy bien plus qu'on ne m'auoit osté.
### D. Pedro.
Qu'on tienne donc demain toute chose apprestée?
Tandis que Dom Felix contre sa Dorothée
Deuant l'Official se defendra, s'il peut,
Nous irons a Madric, puis qu'ainsi Dieu le veut :
Et là gaillardement mettre fin à nos Nopces :
Ie vay pour cet effet arrester deux Carosses.

## FIN.

www.ingramcontent.com/pod-product-compliance
Lightning Source LLC
Chambersburg PA
CBHW070309100426
42743CB00011B/2410